Markus Deutsch
Hans-Werner Grotemeyer
Volker Schipmann

IT für Unternehmensgründer

Markus Deutsch
Hans-Werner Grotemeyer
Volker Schipmann

IT für
Unternehmensgründer

Ein Leitfaden für die sichere
und zukunftsorientierte Einführung
von IT in neuen Unternehmen

Mit 25 Abbildungen

vieweg

Bibliografische Information Der Deutschen Nationalbibliothek
Die Deutsche Nationalbibliothek verzeichnet diese Publikation in der
Deutschen Nationalbibliografie; detaillierte bibliografische Daten sind im Internet
über <http://dnb.d-nb.de> abrufbar.

Das in diesem Werk enthaltene Programm-Material ist mit keiner Verpflichtung oder Garantie irgendeiner Art verbunden. Der Autor übernimmt infolgedessen keine Verantwortung und wird keine daraus folgende oder sonstige Haftung übernehmen, die auf irgendeine Art aus der Benutzung dieses Programm-Materials oder Teilen davon entsteht.

Die Wiedergabe von Gebrauchsnamen, Handelsnamen, Warenbezeichnungen usw. in diesem Werk berechtigt auch ohne besondere Kennzeichnung nicht zu der Annahme, dass solche Namen im Sinne von Warenzeichen- und Markenschutz-Gesetzgebung als frei zu betrachten wären und daher von jedermann benutzt werden dürfen.

Höchste inhaltliche und technische Qualität unserer Produkte ist unser Ziel. Bei der Produktion und Auslieferung unserer Bücher wollen wir die Umwelt schonen: Dieses Buch ist auf säurefreiem und chlorfrei gebleichtem Papier gedruckt. Die Einschweißfolie besteht aus Polyäthylen und damit aus organischen Grundstoffen, die weder bei der Herstellung noch bei der Verbrennung Schadstoffe freisetzen.

1. Auflage Januar 2007

Alle Rechte vorbehalten
© Friedr. Vieweg & Sohn Verlag | GWV Fachverlage GmbH, Wiesbaden 2007

Lektorat: Günter Schulz / Andrea Broßler

Der Vieweg Verlag ist ein Unternehmen von Springer Science+Business Media.
www.vieweg.de

Umschlaggestaltung: Ulrike Weigel, www.CorporateDesignGroup.de
Umschlagbild: Nina Faber de.sign, Wiesbaden
Druck- und buchbinderische Verarbeitung: MercedesDruck, Berlin
Printed in Germany

ISBN 978-3-528-05918-7

Vorwort

Seefahrer vollbrachten die großen Heldentaten in der Antike. Im Mittelalter trafen sich die Ritter an der Tafelrunde, um Heldentaten zu begehen. Aber wer sind die Helden in unserer heutigen Zeit? Welche Heldentaten vollbringen sie?

Wir wagen die Behauptung, dass die Helden unserer Zeit die Menschen sind, die im Dschungel der Bürokratie zu stürmischen Zeiten explodierender Steuern und höchster Lohnnebenkosten gegen ein Netz globalisierter Konzerne ihr eigenes Unternehmen gründen. Sie schaffen Arbeitsplätze dort, wo andere fluchtartig in Billiglohnländer verschwinden. Sie zeigen Loyalität zu ihrer Heimat wie Odysseus oder die Ritter der Tafelrunde.

Um ihre Taten zu vollbringen, besaßen die Helden die beste Ausstattung ihrer Zeit: hervorragend konstruierte Schiffe, die Wind und Wetter widerstanden, und Rüstungen aus Eisen, die kein Gegner durchdringen konnte. Auch ein Held in unserer Zeit benötigt eine entsprechende Ausrüstung. Nur ist diese selten aus Holz gebaut oder aus Eisen geschmiedet. Inzwischen spielt die Informationstechnologie im Leben eines Unternehmers die lebenswichtige Rolle, ohne deren Funktionieren die meisten Unternehmen dem Tode geweiht sind. Hier laufen Produktionsdaten, buchhalterische Informationen, Logistikkennzahlen und vieles mehr zusammen.

Mit diesem Buch sowie der ergänzenden Internetseite **www.it-fuer-unternehmensgruender.de** verfolgen wir das Ziel, all denen zu helfen, die sich die Aufgabe gestellt haben, ihre Ideen in Form von neuen Unternehmen umzusetzen und dazu die beste passende informationstechnische (IT-) Ausstattung benötigen.

Wir danken allen, die uns bei der Erstellung des Buches unterstützt oder inspiriert haben, insbesondere unseren besseren Hälften Bianca, Faraneh und Marianne, der Grafikerin Uta Fitzen, Oskar Joachim für die Orthographie sowie Adrian, Hanna, Helen und Lukas.

Frankfurt am Main im Oktober 2006

Markus Deutsch

Hans-Werner Grotemeyer

Volker Schipmann

Inhaltsverzeichnis

1 Einleitung

Der Start eines Unternehmens ist ein ganz besonderer, meist von großem Enthusiasmus begleiteter Abschnitt eines Arbeitslebens. Jeder, der in dieser Phase einen Teil der Verantwortung trägt, geht in der Regel die einzelnen Schritte sehr behutsam an. Jedoch alleine die Tatsache, dass wir nicht jeden Tag ein neues Unternehmen gründen und zudem jedes Unternehmen seine Eigenheiten besitzt, macht es notwendig, auf Erfahrungen ähnlicher Fälle zurückzugreifen.

Da heute alle lebensnotwendigen Nervenbahnen eines Unternehmens mit Hilfe der IT (= Informationstechnologie) abgebildet werden, müssen hier die Grundlagen sehr sorgfältig gelegt werden. Spätere Änderungen sind oft äußerst aufwendig, kostenintensiv und teilweise ohne Verlust der Datenkonsistenz nicht umzusetzen.

Einzelne Unternehmen mussten bereits vor Ablauf von drei Jahren ihre gesamte IT-Landschaft erneuern, alleine schon, um mit dem geplanten Wachstum mitzuhalten. Das führte zu Mehrkosten, die schon zum frühzeitigen Ende eines Unternehmens geführt haben.

Gerade **das wollen wir mit diesem Buch verhindern**.

Das Buch soll dem **nicht** IT-kundigen Leser die Möglichkeit geben abzuschätzen, welche IT-Systeme notwendig sind, was diese leisten müssen und wie man sie am besten auswählt. Wir richten uns daher ganz gezielt nicht an IT-Profis, denen ausreichend Literatur zur Verfügung steht, sondern an alle, die „nebenbei" die IT für Ihr Unternehmen seriös planen, auswählen und einführen möchten.

Als roter Faden ziehen sich die Strukturen und Prozesse eines Unternehmens durch das Buch hindurch (Abbildung 1).

Nach der Einleitung beginnen wir mit dem Kapitel 2, in dem die Kosten für einen Businessplan vorab abgeschätzt werden sollen. Kapitel 3 liefert das Handwerkszeug zur Beschreibung von Prozessen in einem Unternehmen.

Kapitel 4 stellt die wichtigsten Strukturen und Prozesse in einem Unternehmen zusammen und gibt jeweils Beispiele dafür. Sie sollen dort bereits beginnen, Ihre Prozesse und Strukturen schriftlich zu dokumentieren. Mit diesen Unterlagen beschreiben Sie Ihre Anforderungen an ein System aus unternehmerischer Sicht.

Darauf aufbauend hilft Ihnen Kapitel 5, aus diesen unternehmerischen Anforderungen die individuellen Systemvoraussetzungen zu erkennen und die Infrastruktur zusammenzustellen.

Kapitel 6 zeigt Ihnen auf, wie Sie aus Ihren Systemanforderungen ein Pflichtenheft erstellen, welches alle Anforderungen an eine einzuführende IT zusammenfasst und einem möglichen Anbieter offen legt. Dort beschreiben wir auch, wie und nach welchen Kriterien ein Unternehmer das passende System auswählt.

Dieses System soll nun auch eingeführt werden. Was dazu notwendig ist und wie man am besten vorgeht, erläutern wir abschließend in Kapitel 7.

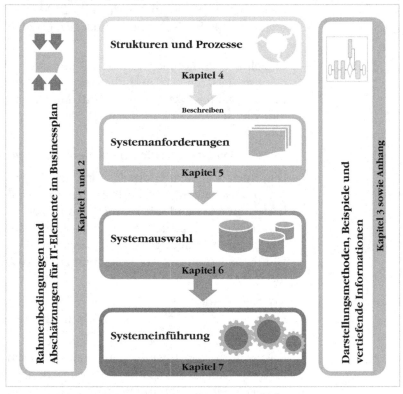

Abbildung 1: Aufbau dieses Buches und der Kapitel

Weil wir Sie bei Ihrer praktischen Arbeit nicht alleine lassen wollen, haben wir Ihnen in den Anhängen einige wichtige Checklisten und vertiefende Informationen zusammengestellt, die Ihnen helfen werden, Ihre IT zu gestalten.

Weitere Informationen und Downloads finden Sie auf der Website **www.it-fuer-unternehmensgruender.de**.

1.1 Rahmenbedingungen

Bevor wir Ihnen die einzelnen Schritte zur Umsetzung Ihrer Ideen in eine funktionsfähige IT näher bringen, gehen wir auf die Rahmenbedingungen ein, die ihr Unternehmen vorgibt.

Ein neues Unternehmen entsteht in der Regel dort, wo Geschäftsideen in die Realität umgesetzt werden. Dem neuen Unternehmen liegen unterschiedliche Anforderungen an seine IT-Landschaft, oftmals abhängig vom Grad der Reglementierung, zugrunde. Unter Reglementierung verstehen wir hier die Summe aller Regeln, Vorschriften, Standards und Beschränkungen, denen Sie in der Art und Weise der Realisierung ihrer Geschäftsabläufe unterworfen sind.

Wir unterscheiden

- **hoch reglementierte Unternehmensgründungen**, beispielsweise im Rahmen einer Filiale oder eines Franchisings. Hier können Sie in der Regel die notwendigen Komponenten Ihrer IT beim Franchisegeber beziehen oder zumindest dort wertvolle Hinweise erhalten;

- **reglementierte Unternehmensgründungen**, beispielsweise Neugründung einer Buchhandlung, einer Apotheke oder einer Bäckerei. Hier können Sie in der Regel unter einer begrenzten Anzahl von Branchensystemen (= speziell für eine Branche entwickelte Systeme, die deren Bedürfnisse berücksichtigt) auswählen. Dabei unterstützen Branchenverbände, Handelskammern oder manchmal auch Großhändler oder Geschäftspartner Sie bei der Auswahl;

- **gering reglementierte Unternehmensgründungen**, beispielsweise Druckereien, Anlagenbauer oder Internet-Versandhändler. Diese Unternehmen besitzen sehr individuelle Abläufe, und es ist schwierig, genau vergleichbare Unternehmen zu finden. Referenzlisten der führenden Softwareanbieter helfen meist weiter.

- **Nicht reglementierte Unternehmensgründungen**, beispielsweise forschungsnahe Unternehmensgründungen oder Umsetzungen neuartiger Geschäftsmodelle. In der Regel müssen bei einer solchen Gründung bestehende Softwarepakte sehr individuell angepasst werden oder sogar neue Softwarekomponenten erstellt werden oder das neu gegründete Unternehmen besitzt so viel Freiheiten, seine Abläufe zu gestalten, dass genau das Gegenteil der Fall ist.

Entscheiden Sie selbst auf Basis Ihres geplanten Vorhabens, zu welcher Kategorie Sie sich zählen. Neben der Form der Reglementierung spielt die Bedeutung der IT für Ihr Unternehmen eine große Rolle bei der Auswahl des geeigneten IT-Systems. Hier unterscheiden wir drei Kategorien:

- **Hohe Bedeutung IT**
  Unternehmen, die ohne IT nicht lebensfähig sind und die durch deren temporären Ausfall in ihrer Existenz bedroht sind. Hierzu zählen beispielsweise Banken, Internet-Händler oder Just-in-time-Lieferanten.

- **Mittlere Bedeutung IT**
  Unternehmen, die ohne IT nur begrenzt lebensfähig sind und die durch den temporären Ausfall der IT-Systeme zwar Schaden nehmen, aber in ihrer Existenz nicht bedroht sind. Hierzu zählen Werbeagenturen, Beratungsunternehmen, Handwerksbetriebe oder Buchhandlungen.

- **Geringe Bedeutung IT**
  Unternehmen, die zwar ohne IT lebensfähig sind, jedoch in der Regel IT-Systeme zur Vereinfachung ihrer Abläufe einsetzen. Dazu gehören kleinere Einzelhandelsunternehmen wie Boutiquen oder Bäckereien.

Auch hier sollten Sie sich mit Ihrem Unternehmen zuordnen.

In Abbildung 2 fügen wir diese beiden Kategorisierungen in einer Darstellung zusammen. Daraus können Sie für sich in etwa ablesen, welchen Aufwand Sie in die Auswahl und Implementierung Ihrer IT stecken sollten. Befinden Sie sich im umrandeten Bereich, dann lohnt sich die intensive Auseinandersetzung mit der Materie. Außerhalb des Bereiches befindliche Unternehmen sollten sich trotzdem die Auswahl ihrer IT-Systeme durch einen Quercheck der im Buch befindlichen Auswahlkriterien absichern.

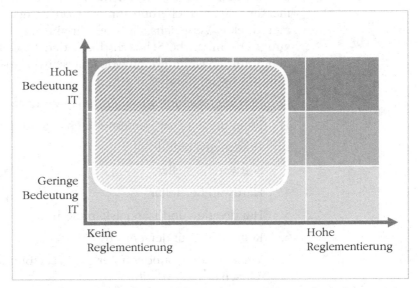

Abbildung 2: Einfluss von Reglementierung bei der Unternehmensgründung und Bedeutung der IT

1.2   Unterstützung

Wo erhalten Sie Unterstützung bei der Auswahl Ihres IT-Systems? Dieser Frage wollen wir uns in diesem Abschnitt widmen.

Die Art der Unterstützung, die Sie benötigen, hängt stark von Ihrem Unternehmen ab. Handelt es sich um reglementierte bzw. stark reglementierte Unternehmensgründungen, so werden Sie durch Branchenverbände, Mutterunternehmen oder Franchisegeber unterstützt. Sie sollten in diesem Fall Ihre internen Abläufe trotzdem darstellen und mit den Branchenstandards vergleichen, um zu überprüfen, inwieweit bei Ihnen Ausnahmen gelten. Dadurch erhalten Sie sich auch die Entscheidungsfreiheit, Empfehlungen anzunehmen oder besser eigene Wege zu gehen.

Beispiel

Apotheken weisen zwar einen hohen Reglementierungsgrad auf, können aber trotzdem sehr individuelle Anforderungen haben. Das Versenden von Medikamenten, grenzüberschreitende Lieferungen, die Vermarktung von Impfstoffen oder Zusatzsortimente für Heil- und Hilfsmittel führen zu Abläufen, die vom Standard abweichen. Dadurch müssen individuelle Softwarekomponenten ergänzt oder gar neu erstellt werden.

Ist der Reglementierungsgrad gering, so kann eine Unterstützung äußerst hilfreich sein. Denn für die fachlich richtige und angemessene Ausformulierung Ihrer Anforderungen stehen nicht immer direkte Vergleichsfälle oder Erfahrungen Dritter zur Verfügung. Der mögliche Schaden durch den Einsatz einer unpassenden Software ist im Nachhinein nur schwer zu beheben, auf alle Fälle aber sehr teuer.

Bei der Unterstützung kommen folgende Instanzen in Frage:

1. Freie Berater bzw. Unternehmensberatungen

2. Branchenverbände

3. Softwarehersteller

4. Hardwarehersteller

5. Handwerks- und Handelskammern

6. Regionale Gründerzentren

7. Verschiedene Bundesämter und das Bundesministerium für Wirtschaft und Arbeit

Die Form der Unterstützung ist unterschiedlich und muss sich nach Ihren individuellen Bedürfnissen richten.

Hinweis

Wählen Sie am besten zwei oder mehrere verschiedene Unterstützer aus, um einen möglichst hohen Grad der Neutralität zu erlangen.

2   Abschätzungen für IT-Elemente im Businessplan

Das Herzstück eines jeden Businessplanes stellt die Finanzierungsplanung dar. Dazu gehören die Kosten für sämtliche IT-Komponenten und damit verbundenen Installationen, Schulungen etc.

Dieses Kapitel stellt, ohne in die Tiefe zu gehen, die wichtigsten Kostenfaktoren zusammen und ermöglicht Ihnen, eine erste Größenordnung der zu erwartenden Kosten abzuschätzen.

Auf Grund Ihrer Planung wissen Sie, was Sie zu welchem Zeitpunkt mit Ihrem neuen Unternehmen erreichen wollen. Auf einer groben Ebene haben Sie vielleicht bereits eine Vorstellung über die notwendige IT. Im Laufe des Gründungsprozesses, mit fortschreitendem Wissen und Detaillierungsgrad, werden Sie immer wieder in einem iterativen Prozess darauf zurückkommen, bis Sie die Systeme bestimmt haben, die Ihnen optimal bei der Durchführung Ihres Geschäftes helfen.

2.1   Systeme

Systeme sind, einfach ausgedrückt, alle Hilfsmittel, die ein Unternehmen braucht, um seine Abläufe und Prozesse systematisch, auf geeignete Weise und im Sinne der Strategie zu unterstützen.

Bei der Abschätzung, welche IT-Systeme Sie brauchen, stehen diese immer in Konkurrenz mit anderen Nicht-IT-Systemen.

Sie als Unternehmensgründer werden nicht nur überlegen müssen, welche IT-Systeme Sie brauchen, sondern auch immer wieder, ob Sie überhaupt ein IT-System brauchen. Zu Beginn können, wenn bestimmte Betriebsabläufe nur selten vorkommen, Papier und Bleistift wirtschaftlicher sein als ein IT-Programm. Beispielsweise können Sie für den Buchhaltungsprozess ein eigenes, spezielles IT-System anschaffen, mit einem einfachen Datenblatt wie MS-Excel arbeiten, alles in einem alten Schulheft aufzeichnen oder den ganzen Prozess zu einem Dienstleister, Steuerberater oder Treuhänder auslagern. All dies sind Systemalternativen. Hier entscheiden die Wirtschaftlichkeit und die Finanzierbarkeit, wann Sie welches System einsetzen wollen und können.

Die im Businessplan zu berücksichtigenden IT-Kosten unterteilen wir in

- Infrastruktur- und Hardwarekosten,
- Softwarekosten, unterteilt in Systemsoftware, Office-Komponenten, ERP-System, Zusatzmodule und Individualprogramme,
- Installation und Einrichtung,
- Schulung und
- Wartung/Updates.

Hardware

Als Erstes gilt es, die Kosten für die Hardwarekomponenten, sprich die Maschinen, auf denen die Softwaresysteme laufen, abzuschätzen. Dabei sind sowohl die Arbeitsplätze, also Rechner und Bildschirme, als auch die Vernetzung und der/die Server zu berücksichtigen. Unter Servern versteht man zentrale Rechner, die für die anderen IT-Systeme (so genannte Clients) Dienste zur Verfügung stellen. Zusätzlich ergänzen Drucker, eventuell Farbdrucker oder auch Scanner den Anforderungskatalog. Weitere Hardwarekomponenten können für die Anbindung der Telefonanlage oder für die Anbindung von Produktionsprozessen hinzukommen, ebenso für das Kassensystem im Handel oder Spezialdrucker bei Werbeagenturen oder Architekturbüros. Zur Vereinfachung haben wir Ihnen im *Anhang A: Checklisten* eine Checkliste zusammengestellt. Nutzen Sie diese und lassen Sie sich bei einem regionalen Anbieter ein Angebot unterbreiten.

Software

Für die Softwarekomponenten müssen Sie ebenfalls eine erste Abschätzung vornehmen. Dies ist nicht so einfach, da Sie ja dazu gerade das vorliegende Buch verwenden möchten. Die wichtigsten Komponenten setzen sich zusammen aus:

- ERP-Software,
- Lizenzen für Betriebssoftware,
- Office-Lizenzen für Server und Arbeitsplätze,
- Software für die Vernetzung und die Anbindung an externe Netze und
- Spezialsoftware.

Die Kosten ermitteln Sie am besten über Standard- und Beispiel-
angebote sowie Preislisten der Anbieter.

ERP-System Besonders zu erwähnen sind Transaktionssysteme oder ERP-
Systeme (ERP = Enterprise Resource Planning). Diese dienen der
Unterstützung von Abläufen in Unternehmen. Sie werden einge-
setzt, wenn mehrere Mitarbeiter gleichzeitig auf dieselben Infor-
mationen zugreifen und diese verändern. Beispielsweise wird der
Warenbestand von der Produktion, vom Verkauf und von der
Buchhaltung bearbeitet. Ein ERP-System steuert zentral die
Zugriffe auf Informationen und stellt somit sicher, dass immer
die aktuellsten Informationen allen gleichzeitig zur Verfügung
stehen.

Spezialsoftware Bereits zu diesem frühen Zeitpunkt können Sie festlegen, welche
speziellen Softwarekomponenten Sie   zusätzlich zu einer ERP-
Software benötigen. Beispiele sind:

- Logistiksteuerung

- Betriebsdatenerfassung (BDE)

- Spezielle Produktionssteuerungssysteme

Individualpro-
grammierung In den wenigsten Fällen werden umfangreichere individuelle
Programmierungen notwendig sein. Individuell zu erstellen ist
sicher immer der Internet-Auftritt. Dieser ist je nach Ihrer Ausrichtung vom Umfang zu bewerten. Falls Sie sich mit Ihrer Un-
ternehmung im nicht reglementierten Segment befinden, empfehlen wir Ihnen, diesen Teil genauer zu untersuchen und zu bewerten.

Installation und
Einrichtung Für die Installation und Einrichtung der Softwarekomponenten
müssen Sie in der Regel noch einmal 30 - 50% des Kaufpreises
einkalkulieren. Dies umfasst die standardmäßige Einrichtung der
Software und kleinere Anpassungen wie Belege oder spezielle
Stammdatenkonstellationen. Zudem werden die notwendigen Pa-
rameter eingerichtet. Eine Programmierung von zusätzlichen Modulen beinhaltet dies jedoch nicht.

Schulung Zur allgemeinen Schulung der Mitarbeiter, insbesondere bei der
ERP-Software, sollten Sie ergänzend 10 - 20% des Kaufpreises
hinzurechnen. Zusätzlich geht die Einrichtung des Systems mit
der Schulung von späteren Supervisoren oder Superusern im Unternehmen einher. Sie werden in der ersten Phase immer wieder
Schulungsbedarf haben. Nutzen Sie diese Möglichkeiten, denn je
besser Sie die Systeme beherrschen, desto mehr nutzt Ihnen die
Software. Den Erfolg eines eingeführten Systems sollten Sie nie

am verfügbaren, sondern stets am durch die Benutzer tatsächlich genutzten Funktionsumfang messen.

Wartung und Up-dates

Für die jährliche Wartung sollten Sie in Ihrem Businessplan ca. 10 - 20% des Kaufpreises einrechnen. Diese Wartung enthält Updates der Software, Support und in der Regel eine Hotline. Meist können Sie zwischen verschiedenen Wartungspaketen wählen, daher kann auch der Preis schwanken. Darauf verzichten sollten Sie jedoch nicht, da erfahrungsgemäß bei nicht gewarteten Softwaresystemen seltener neue Releases aufgespielt werden und dadurch häufiger überalterte Systeme entstehen. Diese sind dann nur noch mit hohem Aufwand zu pflegen.

2.2   Kostenschätzung

Die Abschätzung der Kosten für die IT ist zwar aufwändig, wird aber von potenziellen Investoren sicher geschätzt werden. Auch Ihnen hilft sie zur seriösen Planung Ihres Vorhabens. Kalkulieren Sie realistisch Ihre Kosten (Tabelle 1) und rechnen Sie auf jeden Fall noch einen Puffer für besondere Anforderungen ein. Sie werden ihn garantiert brauchen.

Beispiel

Dies zeigt auch der Fall eines Unternehmens aus dem Gesundheitswesen. Dort waren alle Planungen, auch die der IT-Kosten, seriös abgeschlossen, als sich eine politische Entwicklung abzeichnete, die gewisse Abrechnungsarten künftig nur noch auf elektronischem Wege zulassen sollte. Gerade in diesem Fall kam der Beschluss deutlich schneller als prognostiziert, und die geplante Software des Unternehmens deckte dies in keiner Weise ab. Die Kosten für die Erweiterung des Systems betrugen ca. 20% der gesamten IT-Kosten.

	Einmalig	Pro Arbeitsplatz	Laufend (jährlich ab 2. Jahr)
Infrastruktur und Hardware			
Lizenzen für die Betriebssoftware			
ERP-Software			
Office Lizenzen			
Software für die Vernetzung			
Spezialsoftware			
Individual-programmierung			
Installation und Einrichtung			
Schulung			
Wartung und Updates			
Summe			

Tabelle 1: Erste Kostenschätzung für Businessplan

3 Unternehmensabläufe

Eine Geschäftsidee bzw. ein durch eine Geschäftsidee entstandenes Unternehmen ist stets durch eine komplexe Kette von Abläufen, Prozessen und Aufgaben gekennzeichnet (im Folgenden werden aus Gründen der Einfachheit die Begriffe *Prozess* und *Ablauf* synonym verwendet).

Während die Strategie aufzeigt, was ein Unternehmer mit seinem Unternehmen bezweckt, zeigen die Prozesse auf, wie die tägliche Arbeit gestaltet werden soll, um die Ziele der Strategie zu erreichen.

Bereits in einer frühen Phase der Unternehmensplanung befassen sich die Verantwortlichen mit der Darstellung dieser Abläufe im künftigen Unternehmen. Sie sind von enormer Bedeutung für die spätere Auswahl und Umsetzung in einem IT-System. Zudem stellen sie dar, welche Beteiligten – dies können Mitarbeiter, Partner oder Maschinen sein – zu welchem Zeitpunkt in einen Ablauf integriert sind und welche Rollen sie übernehmen. Das wiederum beeinflusst sowohl die Machbarkeit als auch die Effizienz des entstehenden Unternehmens.

Neben den Abläufen ist auch das Mengengerüst ein entscheidendes Kriterium für die Auswahl des wirtschaftlichsten Systems.

Als Mengengerüst bezeichnen wir die Häufigkeit, wie oft ein Prozess stattfindet und die einzelnen Prozessschritte durchlaufen werden müssen.

Hinweis

Je öfter ein bestimmter Ablauf in Ihrem Unternehmen vorkommt, desto genauer müssen Sie ihn beschreiben und die wirklich wirtschaftlichste Lösung finden, da sich Unwirtschaftlichkeiten bei jedem Durchlauf aufsummieren.

3.1 Abläufe darstellen

Wir geben Ihnen in diesem Kapitel drei Methoden an die Hand, wie Sie Ihre Unternehmensabläufe darstellen können. Oftmals ergänzen sich diese Methoden. Sie dienen sowohl der Darstellung für die Beteiligten als auch der Kontrolle, inwieweit die Abläufe im Detail durchdacht sind. Bereits in einer frühen Phase müssen sich die Beteiligten über das gemeinsame Verständnis der Abläufe einigen.

Damit Sie rasch und ohne große Einarbeitung beginnen können, haben wir uns auf vier klassische, einfache Methoden beschränkt.

- Datenflussplan (Ablaufdiagramm oder Flussdiagramm)
- Rasterdiagramm
- Use Cases
- Mind Map

Selbstverständlich können Sie auch auf andere komplexere Methoden ausweichen. Eine Einarbeitung kostet Sie jedoch viel Zeit, und das lohnt sich nur, wenn Sie äußerst komplexe Abläufe abbilden und diese individuell programmieren lassen müssen.

Falls Sie bereits firm mit einem Visualisierungssystem sind wie beispielsweise mit dem meist im Lieferumfang von Microsoft Office integrierten *MS Visio*, können Sie dies ebenfalls einsetzen. Ansonsten helfen graphische Systeme wie Microsoft Power Point zur Darstellung oder aber auch Papier und Bleistift.

3.2   Datenflussplan

Ein Datenflussplan zeigt den auftragsorientierten Durchlauf durch ein Unternehmen. Dabei ist die Darstellung eng an die IT-relevanten Ereignisse angelehnt.

Diese Form der Darstellung kann auch der ungeübte Leser sehr schnell erlernen und die Abläufe darin umsetzen. Sie bietet eine Vielzahl an Möglichkeiten, auch komplexe Sachverhalte eindeutig abzubilden.

Im Prinzip geht die Methode davon aus, dass es einen Startpunkt und einen Endpunkt eines Ablaufes gibt. Diese sind jeweils mit einem ovalen Symbol gekennzeichnet. Dazwischen sind durch Rechtecke Aufgaben und durch Rauten Abfragen dargestellt.

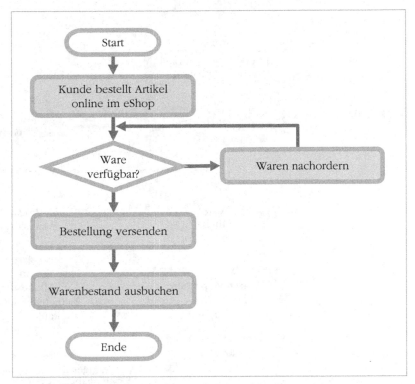

Abbildung 3: Beispiel Datenflussplan

Beispiel:
eShop

Ein sehr einfaches Beispiel zeigt Abbildung 3. Hier wurde in einer groben Darstellung der Ablauf eines Kaufs im Onlineshop dargestellt. Dieses Diagramm ist schnell und einfach zu lesen. Details der Teilschritte, z.B. des Schrittes „Bestellung versenden", sind hier nicht aufgeführt.

Sie sehen, dass Sie die Darstellung sehr einfach und schnell umsetzen können.

In der Regel stellen Sie zuerst den gesamten Ablauf Ihres Unternehmens sehr grob dar. Daraus leiten Sie die einzelnen relevanten Teilabläufe ab und verfeinern diese dann sukzessive. Sie werden sehr schnell merken, dass Sie beim Überarbeiten viele noch ungelöste Fragestellungen in Ihren Abläufen entdecken werden.

In einer zweiten Beispieldarstellung haben wir die Abläufe bei der Bestellung eines Artikels detaillierter dargestellt (Abbildung 4).

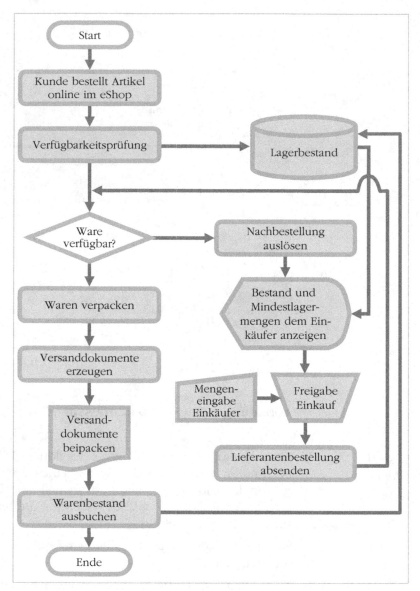

Abbildung 4: Beispiel Datenflussplan – detaillierte Darstellung

Die Bedeutung der Symbole des Beispiels für den detaillierteren Datenflussplan finden Sie in der nachfolgenden Abbildung 5.

	Grenzstelle		Manuelle Verarbeitung
	Prozess		Datenspeicher
	Verzweigung		Dokument
	Anzeige		Manuelle Eingabe

Abbildung 5: Symbole des Datenflussplans

3.3   Rasterdiagramm

Das Ablaufdiagramm besitzt leider keine Möglichkeit, die **Rollen** der jeweils Beteiligten innerhalb des Prozesses zu kennzeichnen. So kann ein Dritter nur sehr schwer nachvollziehen, **wer** die einzelnen Aufgaben innerhalb des Ablaufes übernimmt. Diesen Mangel behebt ein Rasterdiagramm, indem es in einer Art Matrix die am Prozess Beteiligten in den Spalten und die Aufgaben in den Zeilen darstellt. Sie können nun sehr einfach den einzelnen Aufgaben die entsprechenden Beteiligten zuordnen.

Bei der Reihenfolge der Aufgaben können Sie sich an einem vorgegebenen Datenflussplan orientieren.

Auch hier wollen wir dies anhand eines einfachen Beispiels demonstrieren.

Beispiel: Rechnung

Gehen wir davon aus, dass in Ihrem Unternehmen eine Rechnung durch eine Person aus der Buchhaltung erstellt wird, Sie diese freigeben und sie dann durch das Sekretariat versendet wird. Der Kunde bezahlt die Rechnung, die Person aus der Buchhaltung kontrolliert den Eingang der Zahlung und Sie erhalten davon die Information. Selbstverständlich laufen bei einem jungen Unternehmen die Fäden in der Hand des Gründers zusammen, trotzdem sollten die Abläufe bereits entsprechend geplant sein.

Hinweis

Beide Methoden, die Sie bisher kennen gelernt haben, besitzen Vor- und Nachteile. Nutzen Sie den Datenflussplan, wenn Sie den Ablauf des Unternehmens darstellen wollen, und ergänzen Sie Strukturdiagramme, wenn Sie mehrere Beteiligte haben, die unterschiedliche oder sich überschneidende Aufgaben wahrnehmen.

Das nachfolgende Rasterdiagramm (Tabelle 2) stellt die Beteiligten und deren Aufgaben für das nachfolgende Beispiel der Lagerverwaltung dar.

	Einkäufer	eShop	Filiale
Bestellung auslösen		X	X
Warenbestand ausbuchen			
Einzelbestellung versenden			X
Warenbestand abfragen	X		
Artikelbestand abfragen	X		

Tabelle 2: Beispiel Rasterdiagramm

Hier wird deutlich sichtbar, dass keiner der Beteiligten direkt auf die Abläufe „Warenbestand ausbuchen" oder „Einzelbestellung versenden" zugreift.

3.4   Use Cases

Einen völlig anderen Weg geht man bei der Erstellung so genannter Use Cases (Anwendungsfälle). Kleine Abläufe im Unternehmen oder Teile davon sind in sich geschlossene Aktivitätenfolgen und werden immer wieder als vorgefertigte Steine eines Baukastens, so genannte Objekte, in neuen Kombinationen für die Darstellung der verschiedenen Prozesse verwendet.

Hauptsächlich beeinflusst durch die moderne, objektorientierte Vorgehensweise bei der Softwareerstellung beschreibt diese Darstellungsform die einzelnen in sich geschlossenen Teilabläufe in einem Unternehmen und stellt deren Beziehung zueinander dar. Da diese Methode in Kreisen des Softwareengineerings stark verbreitet ist, werden Sie dort auf Akzeptanz stoßen.

Die Use-Case-Methode verfügt über vielfältige Möglichkeiten und eignet sich daher für die Beschreibung komplexer Sachverhalte insbesondere neu zu programmierender Module (Teilsysteme).

Die Einarbeitung ist jedoch nicht ganz so einfach wie bei den beiden vorherigen Darstellungsformen.

Die Darstellung mittels Use Cases bezieht sich auf eine umfassende Sprache und Notation zur Spezifikation, Konstruktion, Visualisierung und Dokumentation von Modellen für Softwaresysteme, die Unified Messaging Language (UML). Diese wird inzwischen als Industriestandard angesehen.

Use Cases oder auch Anwendungsfälle stellen dabei die Beschreibungen typischer Interaktionen zwischen den Anwendern und dem System dar. Die Summe der Anwendungsfälle beschreibt die Anforderungen an das System, also was das System leisten soll. Durch die Zerlegung in einzelne Arbeitsschritte, die beschrieben werden, kann der Anwender sehr praxisnah seine Anforderungen darstellen.

Beispiel   Das nachfolgende Diagramm (Abbildung 6) zeigt ein Use Case am Beispiel einer sehr vereinfachten Lagerverwaltung. Die Geschäftsprozesse sind durch Ovale dargestellt, die Figuren sind die Akteure. Vorgänge werden in einem System in aller Regel durch externe Personen oder andere Systeme angestoßen, die durch die Akteure symbolisiert werden. Die Beziehung zwischen einem Akteur und einem Geschäftsprozess wird hier als Assoziation bezeichnet.

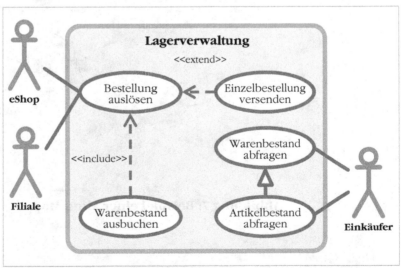

Abbildung 6: Beispiel Use Case

Auch die Geschäftsprozesse stehen in verschiedenen Beziehungen zueinander. Im dargestellten Beispiel stellt der Geschäftsprozess „Einzelbestellung versenden" eine Ergänzung zum Geschäftsprozess „Bestellung auslösen" dar und ist daher mit diesem durch eine <<extend>>-Beziehung verbunden. Die <<include>>-Beziehung zeigt an, dass „Warenbestand ausbuchen" mit allen Funktionalitäten in „Bestellung auslösen" enthalten ist. Die dritte dargestellte Beziehung ist eine Generalisierungsbeziehung zwischen „Artikelbestand abfragen" und „Warenbestand abfragen".

3.5 Mind Map

Mind Maps unterstützen Sie dabei, Ihre Gedanken strukturiert und hierarchisch zu Papier zu bringen. Mind Maps visualisieren keine Abläufe, sondern sind vor allem dazu geeignet, Themen inhaltlich umfassend zu beschreiben. Somit können Sie Mind Maps sehr gut zur Erarbeitung von Produktbeschreibungen oder Attributlisten nutzen (Abbildung 7).

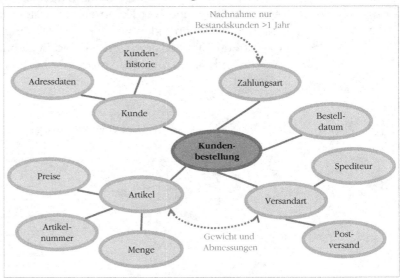

Abbildung 7: Beispiel einer Mind Map

4 Abläufe und Strukturen

Im vorhergehenden Kapitel haben Sie Methoden zur Darstellung von Abläufen in einem Unternehmen kennen gelernt. Nun betrachten wir Ihr Unternehmen und werden alle relevanten Abläufe identifizieren und diese gemäß der möglichen Darstellungstechnik abbilden.

Die umfassende Beschreibung Ihres Unternehmens dient einer möglichst vollständigen Abdeckung der Anforderungen an die IT-Systeme, die Sie bei Ihrer Arbeit unterstützen sollen.

Abläufe

Für die Abläufe in einem Unternehmen geben Ihnen dabei die Unterkapitel 4.6 Kundenmanagement bis 4.13 Sonderfall Web-Auftritt eine Hilfestellung.

Strukturen

Neben den Abläufen müssen aber auch verschiedene Strukturen beschrieben werden. Wir fassen darunter die Daten zusammen, die Sie benötigen, um Ihre Kunden, Lieferanten, Mitarbeiter oder anderen Geschäftspartner, aber auch Ihre Artikel, Produkte sowie Dienstleistungen zu beschreiben und sie entsprechend in Systemen abbilden zu können. Zudem verstehen wir darunter alle Beschreibungen, die nicht an Abläufe gebunden sind, wie Schnittstellen, Führungskennzahlen etc.

In den meisten Unterkapiteln versuchen wir mittels Beispielen die etwas abstrakten Beschreibungen lebendiger zu gestalten.

Hinweis

Die Energie, die Sie darauf verwenden, Ihr Unternehmen zu beschreiben, wird sich auf jeden Fall lohnen. Neben dem Nutzen, der sich direkt bei der Konfiguration der IT-Systeme ergibt, dient eine solche Beschreibung auch der Einarbeitung neuer Mitarbeiter, dem erleichterten Verständnis von möglichen Investoren und der Durchführung künftig anstehender Zertifizierungen.

4.1 Geschäftspartner

Im Umfeld des Unternehmens bestehen Beziehungen zu verschiedenen Arten von Geschäftspartnern. Diese wiederum sind in verschiedenen Strukturen eingeordnet.

Grundsätzlich unterscheiden wir die folgenden Arten von Geschäftspartnern:

- Kunden

- Lieferanten

- Dienstleister, Servicepartner

- Banken, Versicherungen

- Behörden, öffentliche Einrichtungen

- Verbände, Forschungseinrichtungen

- Rechtsanwälte, Steuerberater etc.

- Anteilseigner

- ...

Innerhalb dieser Geschäftspartner hinterlegen wir die Stammdaten, die inzwischen von den gängigen ERP-Systemen sehr ausführlich als Vorlagen zur Verfügung gestellt werden.

Stammdaten und Bewegungsdaten Unter Stammdaten versteht man hier die Daten, die sich in der Regel nicht so häufig oder gar nicht ändern, wie Name, Adresse, Ansprechpartner, Gründungsjahr etc. Sie stehen im Gegensatz zu den Bewegungsdaten, die sich ändernde Daten wie Rechnungsnummer, Rechnungsbetrag etc. beschreiben.

Deutlich komplizierter als die Stammdaten sehen die Strukturen aus, in die wir die Geschäftspartner einordnen. Diese können beispielsweise nach

- Umsatz,

- Regionen,

- Mitarbeiterzahlen,

- Umsatzpotenzial,

- Produktgruppen oder

- Kaufverhalten

in Gruppen zusammengefasst sein. Insbesondere wenn beispielsweise die Zuordnungen entscheidend für die Konditionen sind, kann die Komplexität einer kundenindividuellen Preisberechnung zunehmen. So können beispielsweise Kunden in regionale, hierarchische, umsatzabhängige oder konditionelle Kundengruppen eingeordnet werden. Hier sind auch mehrfache Zugehörigkeiten möglich, die eindeutig und korrekt definiert werden müssen.

Beispiel

Nehmen wir an, unsere Preise sind regional unterschiedlich und wir gewähren Kunden, die einen Umsatz über 100000 EUR pro Jahr aufweisen, einen Rabatt von 5%, Kunden, die länger als drei Jahre regelmäßig bei uns einkaufen, einen Treuebonus von 3% sowie Mitgliedern aus dem Einkaufsverband EK Großhandel ebenfalls 3% Rabatt.

Abgesehen davon, dass Sie diese Zusammenhänge im Kalkulationsmodul abbilden müssen, sollten Sie frühzeitig die Zugehörigkeit der Kunden zu den entsprechenden Strukturen hinterlegen. Dabei haben Sie Überschneidungen, gewollte Redundanzen und Abhängigkeiten zu berücksichtigen.

Sonderfall

Als Sonderfall weisen wir in diesem Kapitel auf die Hinterlegung der Stammdaten ihrer Mitarbeiter hin. Auch diese gehören im weiteren Sinne zu den Geschäftspartnern und nehmen verschiedene Rollen ein, beispielsweise können sie neben der Mitarbeiterrolle auch als Kunden bei firmeninternen Verkäufen agieren.

4.2   Produkte und Dienstleistungen

Die maßgebliche Aufgabe eines Unternehmens besteht in der Produktion/Erstellung oder dem Handel/Vertrieb von Dienstleistungen, Informationen oder Produkten. Dieses Produkt-/Dienstleistungsportfolio zeichnet sich durch verschiedene Eigenschaften aus. Es folgt zudem verschiedenen Strukturen wie beispielsweise Warengruppen, Lieferkategorien oder Servicelevels. Darüber hinaus besitzt jedes einzelne Produkt bzw. jede einzelne Dienstleistung wiederum eine Vielzahl von Eigenschaften wie Größe, Gewicht, Lautstärke oder Farbe, die in der IT als Produktattribute bezeichnet werden. Dazu kommen kunden- oder kundengruppenindividuelle Produktionen, Muster, Ersatzprodukte oder Auslaufmodelle.

Das exakte Beschreiben der möglichen Produkte und Services stellt für Sie eine große Herausforderung dar.

Attribute

Versuchen Sie zu Beginn möglichst viele Attribute für Ihre Produkte/Services zu definieren. Sie können zwar in nahezu allen IT-Systemen im Nachhinein Attribute ergänzen, frühzeitige Festlegungen von Attributen und ausreichende Beschreibungen ermöglichen Ihnen jedoch eine kontinuierliche und solide Unternehmensführung und lückenlose Historien.

Hinweis

Verwenden Sie zur Darstellung Ihrer Produkte und Dienstleistungen sowie deren Attribute eine Mind Map. So erhalten Sie eine übersichtliche hierarchische Gliederung und können die Attribute eindeutig zuordnen.

Strukturen

Insbesondere Handelsunternehmen unterliegen Vorgaben, ihre Produkte in zusätzlichen Strukturen abzubilden. Dazu zählen

- Gefahrgutklassen,
- Hersteller Warengruppen,
- Nutzergruppen,
- Produkthierarchien oder
- A,B,C-Güter.

Viele IT-Systeme erlauben eine Abbildung mehrerer Strukturen und Strukturebenen durch die Hinterlegung von Kennzeichen bei den Produkteigenschaften. Sie sollten sich jedoch für eine zentrale und für Sie schlüssige Struktur entscheiden und diese auf Ihre Leistungen konsequent anwenden. Orientieren Sie sich bei dieser Struktur an den notwendigen Auswertungen, so können Sie vom Start weg wichtige Auswertungen meist ohne zusätzlichen Programmieraufwand generieren.

Hinweis

Wenn sie sich mit dem Gedanken tragen, ein ERP-System einzuführen, dann erkundigen Sie sich frühzeitig über die Möglichkeiten, die das ERP-System bietet bzw. formulieren Sie die Anforderungen sehr ausführlich im Pflichtenheft. Eine nachträgliche Veränderung ist zwar immer möglich, birgt aber die Gefahr einer Inkonsistenz von statistischen Auswertungen.

4.3   Workflows

Ein Workflow beschreibt den Durchlauf von Produkten oder Belegen durch verschiedene Stationen in der Regel innerhalb eines Unternehmens. So genannte „Laufzettel", auf denen jeweils die nächste Station vermerkt ist, begleiten dabei die Produkte oder Belege auf ihrem Weg. Auf den Laufzettel kann verzichtet werden, wenn der Weg klar beschrieben und allen Beteiligten zugänglich ist.

Workflows können auch durch ein IT-System unterstützt werden. Dabei bildet man die einzelnen Stationen elektronisch ab, und die Mitarbeiter quittieren nacheinander jeweils den Abschluss ihrer Arbeiten im System. Insbesondere bei elektronischen Belegen macht dieses Verfahren Sinn, da so die einzelnen Arbeitsschritte zwingend nacheinander, aber unabhängig von Zeit und Ort erledigt werden können. Vermeiden Sie bei der Gestaltung von Abläufen Medienbrüche, d.h. gestalten Sie Ihre Workflows möglichst durchgängig entweder elektronisch oder manuell. Definieren Sie sehr genau die Übergänge zwischen manuell und elektronisch unterstützten Prozessen.

Je nach Art der Abläufe in Ihrem Unternehmen sollten Sie darauf achten, dass die IT-Systeme, die Sie aussuchen, solche Workflows unterstützen. Der Markt bietet hierzu spezielle Systeme an. Aber auch in modernen ERP-Systemen ist die Möglichkeit der Abbildung von Workflows enthalten. Wichtige Grundlage für die Abbildung von Workflows in den Systemen sind die zuvor von Ihnen definierten und dokumentierten Prozesse.

Beispiel

Einen typischen Fall konnten wir bei einem sehr jungen Unternehmen kennen lernen, das sich mit der Erfassung von Rechnungen im Outsourcing für große Unternehmen beschäftigte. Hier entschloss sich die Geschäftsführung, den Weg der Rechnung vom Öffnen über Scannen, inhaltlicher Erfassung, Prüfung, Freigabe bis zur Archivierung lückenlos in einem Workflow abzubilden. So konnte jede Rechnung in ihrem Bearbeitungsprozess gesteuert und jeder einzelne Arbeitsschritt den verantwortlichen Mitarbeitern in der vorgeschriebenen Reihenfolge zugewiesen werden. Dies steigerte erheblich die Effizienz des abgebildeten Prozesses und wirkte darüber hinaus als Entscheidungskriterium für die letztendlich zum Einsatz kommende ERP-Software.

Hinweis

Zur Darstellung von Workflows sind die in Unterkapitel 3.2 Datenflussplan dargestellten Datenflusspläne hilfreich. Notieren Sie dabei zu den Vorgängen auch die benötigten Hilfsmittel oder andere wichtige Informationen.

4.4   Führungskennzahlen

Korrekte und aussagefähige Kennzahlen, die pünktlich zur Verfügung stehen, bilden die Basis einer soliden Unternehmensführung. So können Sie schnell auf Veränderungen reagieren und entsprechende Maßnahmen einleiten.

Welche Kennzahlen zu welchen Zeitpunkten zur Verfügung stehen müssen, gilt es bereits frühzeitig festzulegen. Dabei sollten auch notwendige Reportings gegenüber Finanzbehörden, Aktionären, Investoren oder Gesellschaftern berücksichtigt werden.

Sie werden erfahrungsgemäß im Laufe der Zeit diese Kennzahlen ausweiten wollen, was in den meisten Softwaresystemen leicht möglich ist. Eine exakte Historie können Sie jedoch nur führen, wenn die Zahlen, die Sie benötigen, von Beginn an vorliegen. Berücksichtigen Sie also frühzeitig mögliche gewünschte Anforderungen von außen.

Diese können dann bereits bei der Konzeption und Parametrisierung der Software festgelegt und eingerichtet werden.

Beispiel

Dass Anforderungen an das Reporting permanent wachsen und gerade bei Anteilseignern für viel Phantasie sorgen, zeigt das Beispiel einer Firma (der Tochter eines Versicherungskonzerns), deren neue Geschäftsführerin zum Start des Unternehmens nur den Bedarf am Zugriff auf die aktuellen Umsatzzahlen äußerte. Inzwischen umfasst das wöchentliche Reporting vier und das monatliche Reporting zehn Seiten. Täglich kann sie auf ein Cockpit von über 40 Unternehmenskennzahlen zugreifen. Diese immer weiter gestiegenen Anforderungen zu befriedigen, war nur möglich, weil zuvor die Datenbasis für die Kennzahlen systematisch und umfassend definiert worden war.

In Tabelle 3 zeigen wir Ihnen eine Auswahl der wichtigen Unternehmenskennzahlen und einen Vorschlag, in welchem Rhythmus diese erhoben werden bzw. zur Verfügung stehen sollten. Daraus können Sie auswählen, welche Sie benötigen oder ergänzen möchten.

Kennzahl	Erhebungsrhythmus
Umsatz/Forecast	wöchentlich
Auftragseingang/Offene Aufträge	wöchentlich
Fakturierungsplanung	wöchentlich
Neukunden	Je nach Unternehmen monatlich oder wöchentlich
Projektreportings	wöchentlich
Fixkosten	monatlich
Mitarbeiterzahl/Gehaltskosten	monatlich
Sonstige variable Kosten	monatlich
Liquidität/Forecast	monatlich
Offene Forderungen	monatlich
Verbindlichkeiten	monatlich

Kennzahl	Erhebungsrhythmus
Kundenstruktur	jährlich
Umsatzstruktur	jährlich

Tabelle 3: Auswahl von Führungskennzahlen

4.5 Schnittstellen

Ein IT-System mit all seinen Komponenten weist eine Vielzahl von Schnittstellen zwischen den Modulen und zu anderen IT-Systemen auf.

Durch Schnittstellen wird der vollständige, nachvollziehbare und reibungslose Austausch der Daten zwischen den Systemen gewährleistet. Eine Schnittstelle besteht aus der

- Beschreibung der Datei, die von einem ins andere System überführt wird, und der

- Beschreibung der Form, in welcher die Daten ausgetauscht werden (Zeitpunkt, Ort, systemseitige Beschreibungen, Push-/Pull-Verfahren etc.).

Insbesondere beim elektronischen Austausch von Daten mit Geschäftspartnern sollten Sie auf die exakte Beschreibung dieser Schnittstellen einen hohen Wert legen. Fordert ein Geschäftspartner die Bedienung von Schnittstellen seiner Systeme, so verweist er in der Regel auf ausführliche Dokumentationen.

Man spricht beim elektronischen Austausch von Daten zwischen Unternehmen auch von EDI (EDI = Electronic Data Interchange). Es gibt eine ganze Reihe von übergreifenden nationalen und internationalen Organisationen, die sich mit Normierungen in diesem Bereich beschäftigen. Von diesen können Sie ausführliche Dokumentationen anfordern. DIN (=Deutsches Institut für Normung), ISO (=International Standardization Organisation) oder Branchenverbände, aber auch Organisationen wie die Vereinten Nationen, unter deren Leitung das UN EDIFACT entstanden ist, sind hier zu nennen. Immer populärer wird das XML-Format (=Extended Markup Language), welches noch weiter an Schwung gewinnen wird, da sich Microsoft an die Spitze der Förderer gesetzt hat.

Hinweis

Achten Sie bei Ihren Systemanforderungen zu den Schnittstellen auf eine umfassende und vorausschauende Beschreibung. Ihre künftigen Systeme sollen erweiterbar sein. Setzen Sie jedoch zur

Inbetriebnahme Ihres Systems nur die unbedingt erforderlichen elektronischen Schnittstellen um. Setzen Sie bei Schnittstellen, wenn immer möglich, auf die technischen Standards Ihrer Branche wie beispielsweise XML oder UN EDIFACT.

EDI

Die Automobilbranche sowie die Konsumgüterbranche haben bereits vor mehreren Jahrzehnten die Einsparpotenziale aus dem elektronischen Austausch von Daten erkannt und inzwischen weitgehend umgesetzt. Zulieferer/Lieferanten erhalten elektronisch ihre Bestellungen bzw. Lieferabrufe und melden Rechnungen und Lieferavisierungen als EDI-Nachrichten zurück. Dadurch sparen die Unternehmen Prozesskosten, und zwischenbetriebliche Prozesse können schneller implementiert werden.

Sie sollten sich mit Ihren wichtigsten potenziellen Kunden auf mögliche Anforderungen aus dem elektronischen Datenaustausch verständigen, da in manchen Branchen gerade neue Lieferanten häufig nur noch zugelassen werden, wenn sie über Verfahren zum Austausch der Geschäftsdaten verfügen. Die Anforderungen daraus müssen sich im Pflichtenheft wieder finden.

Falls Sie beispielsweise Ihre Buchhaltung an ein externes Steuerberatungsbüro übergeben, wird Ihnen das entsprechende Büro eine Vorgabe der zu bedienenden Schnittstellen geben. In der Regel lassen sich diese Daten leicht aus den meisten gängigen ERP-Softwaresystemen extrahieren.

4.6   Kundenmanagement und Verkaufssteuerung

Das Bewusstsein um den Wert einer Kundenbeziehung stieg in den letzten Jahren stetig an. Sowohl Methoden als auch Softwaresysteme zum strukturierten Kundenmanagement spielen inzwischen eine tragende Rolle bei der Kundenbearbeitung.

Immer größere Bedeutung erlangt die

- Sammlung von Kundendaten,

- deren Aktualisierung und

- die Gewährleistung der permanenten Verfügbarkeit für alle betroffenen Stellen im Unternehmen.

Dies gilt insbesondere für Unternehmen, die auf eine breite Kundenklientel angewiesen sind.

Aktivitäten, die Kunden betreffen, müssen bei der Planung und Durchführung unterstützt und deren Erfolg bzw. Misserfolg über die Software gemessen werden. Das Management Ihrer Kunden wird zum Erfolgsfaktor Ihres Unternehmens.

Unter dem Begriff **Customer Relationship Management** oder kurz **CRM** fasst man sowohl die Aktivitäten zusammen, die unternommen werden müssen, um eine optimale Kundenpflege zu ermöglichen, als auch die dazu notwendigen Softwarekomponenten.

CRM-Programme bestehen in der Regel aus einem Grundmodul zur Hinterlegung oder Übernahme der Stammdaten und miteinander verwobenen Teilen zur

- Verkaufsunterstützung,
- Serviceunterstützung und
- Marketingunterstützung.

Zusätzlich weisen sie Funktionen auf, die Ihnen erlauben Workflows abzubilden und die Aufgaben und Termine Ihres Verkaufs-, Service- und Marketingteams zu managen.

Inzwischen verfügen die meisten ERP-Softwaresysteme über eine CRM-Komponente, die für den Start Ihres Unternehmens ausreichend sein kann. Aber auch wenn Sie kein ERP-System nutzen möchten, bietet Ihnen der Markt eine Fülle von CRM-Standardlösungen. Wenn Sie in der Regel nur mit wenigen Kunden zusammenarbeiten, könnte auch der von Microsoft kostenlos als „Office-Ergänzungsprogramm" angebotene „Business Contact Manager" Ihren Anforderungen genügen.

Hinweis

Skizzieren Sie Ihre geplanten Marketingaktivitäten und die Kundenkommunikation und notieren Sie die dazu notwendigen Daten und Prozesse.

Falls Sie ein ERP nutzen wollen, definieren Sie die Anforderungen an Ihre künftige ERP-Software, die aus Ihren kundenbezogenen Aktivitäten resultieren. Halten Sie Ihre Anforderungen schriftlich im Pflichtenheft fest und entscheiden Sie sich dann für die bestmögliche Lösung. Fragen Sie sich, ob Sie noch zusätzlich ein CRM-System brauchen oder ob Ihre zukünftige ERP alle Wünsche erfüllt.

Beispiel

Hier möchten wir ein Beispiel für den Bereich Marketingunterstützung erwähnen. Ein Modehaus legte bereits bei seinem Start sehr viel Wert auf die Kundenansprache über Direkt Marketing, insbesondere über regelmäßige Mailingaktionen. Ziel war es, jeden Kunden mindestens fünfmal pro Jahr mit einem Brief, der eine zielgruppenorientierte Vergünstigung enthielt, zu erreichen. Diese Anforderung an die CRM-Software konnte vollständig mit den Basisfunktionen der ausgewählten Software abgedeckt werden. Hierzu gehörten:

- Kunden nach Merkmalen selektieren,

- Kundenanschreiben verfassen,

- Rundbrief erstellen,

- Versand dokumentieren,

- Rückläufer erfassen,

- Aktion auswerten,

- Kundendatensatz ergänzen,

- Auswertungen, welche Kunden an welchen Aktionen beteiligt wurden bzw. teilgenommen haben,

- Auswertungen über Erfolg der Einzelaktionen (eingelöste Rabattierungen und eventuelle Umsatzveränderungen in beteiligten Warengruppen).

Genau so wie bei der Unterstützung des Marketings müssen passende Module verfügbar sein, die einen optimalen Ablauf der Verkaufsprozesse und der Serviceprozesse gewährleisten.

Für den Verkaufsprozess benötigen Sie die Möglichkeit, die Kundenstammdaten zu hinterlegen und eine Verknüpfung zur Verkaufsopportunitätenliste (auch „Sales-Liste" oder „Sales-Trichter" genannt) zu realisieren. Innerhalb der Sales-Liste tragen Sie die offenen Angebote oder Opportunities mit dem jeweils gültigen Status bzw. der Eintrittswahrscheinlichkeit ein. Ergänzend können Sie Merkmale wie Ansprechpartner, Stand der Verhandlungen, voraussichtliches Startdatum, Verweis auf abgegebene Angebote etc. hinterlegen. Das System sollte daraus gewichtete und nach Datum sortierte Berichte erstellen können. Die meisten Systeme zeigen die Historie des Verkaufsprozesses grafisch an.

Im CRM-Modul des ERP-Systems Business One von SAP beispielsweise wird die Historie wie in einem kleinen Film angezeigt. In einem Koordinatensystem sind dabei auf der x-Achse die Zeit und auf der y-Achse die Abschlusswahrscheinlichkeiten dargestellt. Die Größe der als Kreise dargestellten Verkaufschancen zeigt den nach Eintrittswahrscheinlichkeit gewichteten Umsatz an (Abbildung 8).

Andere Hersteller wie beispielsweise Microsoft, Act, oder sales-force.com bedienen sich der üblichen Trichterdarstellung, um die gewichteten Verkaufschancen zu visualisieren.

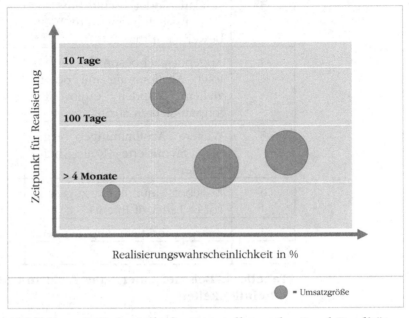

Abbildung 8: Beispielhafte Darstellung der Lead-Qualitäten (in Anlehnung an SAP-Business One)

Sales-Liste

Sie müssen auf Grund Ihrer Erfahrungen mit Ihren Kunden und in Ihrem Markt definieren, wie die Sales-Liste mit den jeweiligen Abschlusswahrscheinlichkeiten und den Schritten des Verkaufsprozesses aufzubauen ist.

Ein Beispiel für eine Sales-Liste für den Vertrieb an Geschäftskunden sehen Sie in der nachfolgenden Tabelle 4.

Status	Beschreibung	Wahrscheinlichkeit
-1-	Projekt identifiziert, Ausschreibung bzw. Angebotsaufforderung erfolgt	0%
-2-	Angebot abgegeben	10%
-3-	Unklare oder schlechte Erfolgsaussichten, mehrere Wettbewerber vorhanden	30%
-4-	Angebotsnachbesprechung erfolgt, Abstimmung mit potenziellem Kunden ergibt Erfolgsaussichten 50:50	50%
-5-	Weitere Abstimmungen ergeben favorisierte Rolle beim Kunden	70%
-6-	Angebot mündlich zugesagt, LoI (= Letter of Intent)	90%
-7-	Zusage schriftlich eingegangen	100%
-9-	Absage erfolgt	0%

Tabelle 4: Beispiel einer Sales-Liste mit Status und Wahrscheinlichkeiten

Zur Veranschaulichung finden Sie im Anhang das ausführliche Beispiel der Sales-Liste einer fiktiven Werbeagentur zusammen mit einer Kalkulationsübersicht zur Abschätzung des Vertriebsaufwands zum Erreichen eines erfolgreichen Abschlusses.

Über die permanente Aktualisierung Ihrer Verkaufsplanung erhalten Sie die notwendigen Prognosezahlen, die für Ihre Unternehmensplanung notwendig sind.

Erwarten Ihre Kunden nach schriftlicher Auftragserteilung eine umgehende Lieferung, ist die vorausschauende Einplanung von Produktionsressourcen von besonderer Bedeutung. Hier ist dann eine Integration des CRM-Systems in das ERS-System besonders hilfreich.

Zur Erleichterung des Verkaufsprozesses sollte ein IT-System die Erstellung von Angeboten unterstützen. Diese müssen einfach, schnell und komfortabel zu erstellen sein. Dazu muss das System sowohl die Preise als auch die Konditionen bereitstellen und ein

Kalkulationsmodul eine mögliche Preisgestaltung ableitbar machen. Das Hinterlegen von Textbausteinen unterstützt dann die rasche Erstellung von neuen Angeboten.

Zudem sollte das System kunden- und angebotsspezifisch eine Kontakthistorie mit den zugehörigen Dokumenten (Briefe, E-Mails oder Telefonnotizen) führen. Dies erleichtert, dass Sie bzw. Ihre Mitarbeiter sich rasch ein Bild des abgelaufenen Akquisitionsprozesses machen können.

4.7   Finanzbuchhaltung

Ein neues Unternehmen muss zum Start sehr viele unterschiedliche Leistungen erbringen. Daher ist es äußerst wichtig, sich auf die wirklich notwendigen Dinge zu beschränken. Gerade hinsichtlich der Finanzbuchhaltung haben sich Modelle als erfolgreich bewährt, bei denen ein Steuerberatungsbüro einen Großteil der Aufgaben übernimmt.

Klären Sie also möglichst früh ab, welche Aufgaben Sie im Hause erledigen möchten und welche Sie nach außen geben können.

Generell unterteilt man die Finanzbuchhaltung in eine Kreditoren- und eine Debitorenbuchhaltung.

Die Prozesse der Kreditorenbuchhaltung beschreiben den Ablauf ab dem Erhalt einer Rechnung:

- Eingang des Rechnungsbeleges

- Erfassung des Beleges

- Zuordnung zu Lieferanten

- Kontierung nach internem Kontenplan

- Erfassung im System

- Bezahlung

- Behandlung der Umsatzsteuer

- Ablage des Beleges

Die Prozesse der Debitorenbuchhaltung beginnen mit der Erstellung der Rechnung:

- Lieferschein erzeugen

- Rechnung über Lieferung oder Teillieferung und kundenspezifische Konditionen erstellen

- Rechnung ausdrucken

- Kontrolle der Ausgangsrechnung

- Rechnungsversand

- Abgleich eingehender Zahlungen

- Rechnung als bezahlt kennzeichnen oder – falls kein Eingang des Betrages – Mahnung bzw. Inkassoprozess anstoßen

Bei der Gestaltung Ihrer Prozesse, auch wenn Sie externe Dienstleister involvieren, müssen Sie die Grundsätze ordnungsgemäßer Buchführung bzw. Speicherbuchführung (GoB, GoBS) beachten. Diese erfordern die Aufzeichnung jedes einzelnen Handelsgeschäftes in einem Umfang, der eine Überprüfung seiner Grundlage, seines Inhalts und seiner Bedeutung für den Betrieb ermöglicht. Beispielsweise muss die Wiederauffindbarkeit und Unveränderbarkeit über den gesamten Prozess gewährleistet sein.

4.8   Lohnbuchhaltung

Die Lohnbuchhaltung erweist sich aus datenschutzrechtlichen Gründen als sehr sensibel. Wie bei der Finanzbuchhaltung empfehlen wir, insbesondere bei kleineren Unternehmensgründungen, diese weitgehend an ein Steuerberatungsbüro auszulagern. Die meisten ERP-Softwaresysteme verfügen zwar über ein Modul, um Löhne zu verwalten, kleinere Unternehmen nutzen es jedoch nur selten.

Handelt es sich um ein größeres Unternehmen, das aus der Taufe gehoben wird, so sollten Sie genauer überprüfen, ob es sinnvoll ist, die Löhne im eigenen Hause zu verwalten. Wir empfehlen dies frühestens ab 30 Mitarbeitern.

Die Kosten sowie die konsolidierte Vorausplanung der Kosten müssen Sie aber auf jeden Fall in Ihren eigenen Systemen führen. Eine automatisierte Übernahme ist aber meistens auf Grund das geringen Datenvolumens und der geringen Häufigkeit der Durchführung des Prozesses nicht wirtschaftlich.

Die Module eines Softwarepaketes zur Lohnabrechnung sind stark von der Gesetzeslage des Staates abhängig, in dem sie eingesetzt werden. Ein Paket, das alle Abrechnungsvorschriften der Schweiz erfüllt, wird Ihnen in Deutschland nichts nützen und umgekehrt. Wenn Sie sich entscheiden, selber eine Software einzusetzen, sollten Sie vor allen Dingen darauf Wert legen, dass Ihr

Anbieter in der Lage ist, Ihnen bei jeder Gesetzesänderung die entsprechenden Anpassungen schnell und kostengünstig aufzuspielen und dass es einfach zu bedienende Schnittstellen zu Versicherungen, Krankenkassen, der Steuerbehörde, dem Buchhaltungssystem etc. aufweist.

4.9   Produktion

Selbst wenn Ihr Unternehmen keine physischen Artikel produziert, sondern beispielsweise Dienstleistungen erbringt, so müssen Sie dafür Prozesse abbilden und Ressourcen verwalten.

Die Produktion lässt viele Varianten zu und ist daher sehr schwer standardisiert zu beschreiben. Wir beschränken uns in diesem Unterkapitel darauf, einige allgemeine Tatsachen darzustellen und zu erläutern, worauf besonders geachtet werden sollte, speziell wenn bei Produktionsprozessen ERP-Systeme über Schnittstellen mit anderen IT-Systemen kommunizieren müssen. Zur Beschreibung der Prozesse unterscheiden wir zwischen dem

- Produktionsplanungs- und dem
- Produktionssteuerungsprozess.

Die Abgrenzung zwischen Produktionsplanung und Produktionssteuerung ist in Abbildung 9 dargestellt.

Produktionsplanung

Die Produktionsplanung befasst sich mit der Organisation der Produktion sowie mit der Material- und der Ressourcenplanung. Dabei unterscheiden wir innerhalb der Materialplanung wieder zwischen

- Materialbedarfs- und Bestandskalkulation,
- Materialbeschaffung (Einkauf Rohmaterial, Vorfertigung, Fremdfertigung etc.),
- Materialsteuerung (Ermittlung der Bedarfe, zeitgenaue Zuführung und Bereitstellung der Materialien),
- Materialfluss (Ablauf über den Gesamtprozess, Zwischenlagerungen etc.).

Neben der materialorientierten Organisation ist in der Produktionsplanung die ressourcenorientierte Organisation zu berücksichtigen. Unter Ressourcen verstehen wir dabei hauptsächlich Betriebsmittel und Mitarbeiter.

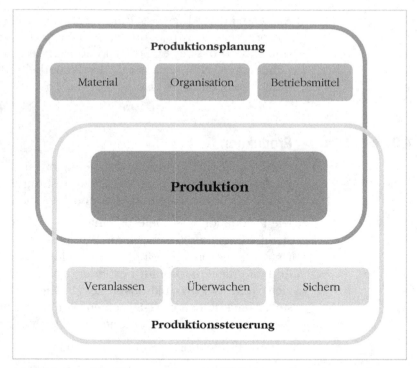

Abbildung 9: Abgrenzung Produktionsplanung und Produktionssteuerung

Produktionssteuerung

Die Produktionssteuerung befasst sich mit dem

- Veranlassen,
- Überwachen und
- Sichern

von produktionsrelevanten Aktivitäten. Hier sind die Prozesse zusammengefasst, die eine Produktion sowohl initiieren als auch über den gesamten Ablauf hinweg beeinflussen. Ein Softwaremodul, das diese Abläufe plant und steuert, ist meist sehr komplex und individuell auf die Produktion abgestimmt. Daher ist es in der Regel nicht Bestandteil des ERP-Systems. Viel wichtiger ist, dass ein Austausch zwischen Produktionssteuerungssystem und ERP-Software gewährleistet ist.

4.10   Logistik

Unter Logistik fasst man das Planen, Ausführen und die Kontrolle von Material-, Informations-, Werte-, Personen- und Energieflüssen zusammen. Es gilt eine bestimmte Menge in einer bestimmten Zeit an einen bestimmten Ort zu schaffen. Teildisziplinen der Logistik sind z.B. Beschaffungs-, Lager-, Transport-, Produktions-, Distributions- und Entsorgungslogistik (Abbildung 10).

Logistische Komponenten sind in Unternehmen von unterschiedlicher Bedeutung. Nahezu alle Produktionsunternehmen sind jedoch auf termingerechte Beschaffung, Lagerung und Transport angewiesen. Die Steuerung der logistischen Prozesse stellt dabei eine enorme Herausforderung dar, insbesondere da bei Produktionsprozessen die Zulieferung immer kürzeren Zeitintervallen unterworfen ist.

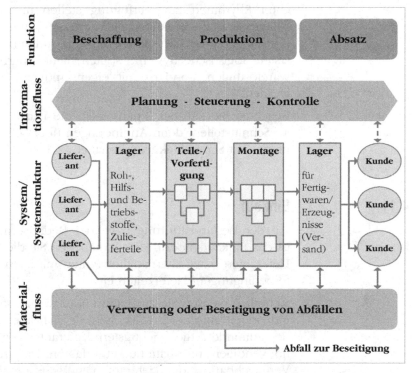

Abbildung 10: Logistikarten im Zusammenhang

Für die

- Beschaffungslogistik,

- Lagerlogistik,

- Transportlogistik und

- Entsorgungslogistik

mancher Branchen sind gängige ERP-Systeme häufig zu gering ausgerüstet. Spezielle Systeme mit den notwendigen Funktionalitäten müssen dann über eine Schnittstelle angekoppelt werden.

Eine besondere Anforderung an logistische Systeme liegt zumeist in der kurzen Reaktionszeit, mit der logistische Informationen transportiert werden und auf die ein Unternehmen reagieren muss, z.B. bei Echtzeit-Anforderungen einer Track-and-Trace-Anwendung. Klären Sie also sehr frühzeitig, wie Sie welche Informationen in Ihren logistischen Prozessen in welchen zeitlichen Rhythmen zur Verfügung stellen müssen. Insbesondere sollten Sie auch Reaktionszeiten erfragen, um diese entweder im ERP-System oder über eine externe Lösung abzubilden. Stark belastete logistische Systeme sollten nicht innerhalb anderer Softwarelösungen, sondern mit eigenständigen Systemen realisiert werden.

Beachten Sie darüber hinaus auch die Hinweise in Unterkapitel 4.5 Schnittstellen, denn Anbindungen über Schnittstellen sind fast immer mit Schwierigkeiten behaftet.

4.11   Einkauf

Mit der Bestandsführung bzw. der Bedarfsermittlung gekoppelt ist das Einkaufsmodul. Hier hinterlegen Sie die Stammdaten Ihrer Lieferanten bzw. Alternativlieferanten mit allen Konditionen, Lieferbedingungen, Lieferzeiten etc.

Sicherlich werden Sie zu Beginn über die meisten Beschaffungen individuell entscheiden. Machen Sie sich aber trotzdem die Mühe, zumindest die wichtigsten Lieferanten vollständig mit den notwendigen Informationen zu erfassen. Dadurch erhöht sich die Vergleichbarkeit der Lieferanten, und Sie erhalten wertvolle Informationen für zukünftige Verhandlungen.

Beim Auslösen einer Bestellung koppelt das System in der Regel die Bestellung mit dem Datensatz des entsprechenden Lieferanten. Somit können Sie jederzeit nachverfolgen, welche Mengen Sie bei wem zu welchen Konditionen bestellt haben.

Das System, das Sie auswählen, sollte auf jeden Fall über eine ausführliche Darstellung der Historie sowie über eine Anzeige aller offenen Bestellungen verfügen.

Beispiel

In verschiedenen Branchen haben wir die Erfahrung gemacht, dass die wichtigsten Produkte bei mehreren Lieferanten eingekauft werden. Es wird oftmals ein Verhältnis festgelegt, zu welchem bei den jeweiligen Lieferanten eingekauft wird. Beispielsweise kann man dies bei Apotheken und Pharmagroßhändlern beobachten. Es wird für Sie von Vorteil sein, wenn Sie sehr aktuell auf die bestellten Volumen bei den jeweiligen Lieferanten Zugriff haben.

Hinweis

Je größer die Mengen an verschiedenen Produkten sind, die Sie regelmäßig bestellen, desto wichtiger und aufwändiger stellt sich die Aktualisierung und Pflege der Stammdaten dar. Hier bieten die meisten Hersteller bzw. Lieferanten elektronische Tools oder Stammdaten in elektronischer Form an. Es empfiehlt sich, die verschiedenen Möglichkeiten der automatisierten oder teilautomatisierten Pflege genau zu prüfen, damit im Regelbetrieb möglichst einfache und homogene Verfahren zum Einsatz kommen.

4.12 Projekte

Je nachdem, welche Produkte oder Services Sie in Ihrem Unternehmen anbieten, spielt das Management von Projekten eine größere oder kleinere Rolle. Für die Ressourcenplanung bzw. die Steuerung und Überwachung von internen Projekten lohnt sich aber der Einsatz eines Projektplanungsmoduls oder einer Projektmanagement Software.

Es ist zwar von Vorteil, wenn das eingesetzte ERP-System ein Projektmodul besitzt, da dort eine übergeordnete Ressourcenplanung erfolgen kann. In der Regel reichen jedoch die Funktionalitäten für Unternehmen, die komplexe Projekte, beispielsweise im Bauwesen oder dem Maschinenbau, abwickeln müssen, nicht aus. Dort empfehlen wir den Einsatz eines möglichst branchenspezifischen Projektmanagement-Systems und eine weitgehende Übernahme der Projekt- und Ressourcenpläne in das ERP-System über eine Schnittstelle.

Für Unternehmen, bei denen die Konstruktion und die Designentwicklung eine wichtige Rolle spielen, sollte der reibungslosen

Zusammenarbeit des Projektplanungssystems mit dem oft branchenorientierten CAD die gleiche Aufmerksamkeit geschenkt werden wie der Zusammenarbeit mit dem ERP-System.

Hinweis
Bei der Auswahl eines Softwaresystems zur Unterstützung von Projekten sollten Sie darauf achten, dass das System sowohl die Projektplanung, die Umsetzung, das Controlling und die Projektkalkulation ausreichend abdeckt. Falls Sie zusätzlich ein ERP-System einsetzen, muss der Abgleich mit den Daten aus dem ERP-System und die Übergabe der Projektdaten an das ERP-System gewährleistet sein. Das ERP-System sollte dabei die führende Rolle behalten.

Weitere Informationen zur Planung und Durchführung von Projekten erhalten Sie in den Kapiteln 6 und 7.

4.13   Sonderfall Web-Auftritt

Eine immer größere Bedeutung bekommt der Web-Auftritt, d.h. Ihre weltweit und rund um die Uhr erreichbare Präsenz im Internet. Einen ersten Eindruck über neue mögliche Geschäftspartner verschaffen sich Unternehmen inzwischen über die Darstellung im Internet. Diese sollte nach verschiedenen Gesichtspunkten ausgerichtet sein:

- Zielgruppen fühlen sich angesprochen und finden schnell spezifische Informationen;

- Der Auftritt spiegelt das Image des Unternehmens wider (Billigangebote haben dann auf der ersten Seite häufig nichts zu suchen);

- Möglichst viel Zusatznutzen für Kunden bzw. angesprochene Zielgruppen, kleine Tools, downloadbare Artikel, Presseecke;

- Interne Suchmaschine, um über die Eingabe von Stichworten zu den gesuchten Informationen zu gelangen;

- Durchgängige Farb- und Grafikelemente (auf keinen Fall überladen);

- Kurze Texte; es müssen nicht immer vollständige Sätze sein;

- Schnell zu ladende Seiten ohne großvolumige Bilder, insbesondere bei endkundenorientierten Inhalten;

- Kurze Wege (mit drei Klicks zum Ziel);

- Maximal sieben Gliederungspunkte pro Ebene;

- Die Möglichkeit, aktuelle Inhalte selbst einzufügen (Redaktionssystem);

- Hinterlegtes Impressum, Verantwortlichkeiten;

- Möglichst einfache Kontaktmöglichkeiten und ein Prozess, der eine zeitnahe Beantwortung von Anfragen garantiert. Bei E-Mails erwartet der Kunde in der Regel eine taggenaue Beantwortung, zumindest aber eine Eingangsbestätigung.

Hinweis

Wir könnten Ihnen an dieser Stelle noch eine ganze Reihe weiterer Hinweise geben, verweisen aber auf weiterführende Literatur, siehe Literaturverzeichnis. Zudem sind die meisten Webagenturen inzwischen weit über die ersten Gehversuche im Internet hinausgewachsen und können kompetent Unterstützung anbieten. Geben Sie zu Beginn jedoch nicht zu viel Geld für einen Internet-Auftritt aus, sondern achten Sie eher auf die Erweiterbarkeit des Systems. Sie werden sicher bereits bei der Freischaltung Ihres ersten Webauftritts neue Ideen haben, wie der nächste aussieht.

Neben der reinen Informationsvermittlung über Ihr Unternehmen und Ihre Leistungen können weitere Funktionen mit einer webbasierten Lösung realisiert werden:

- Standardisierte Anfrage nach Angeboten

- Verkauf von Produkten oder Dienstleistungen (Web-Shop)

- Informationsangebot und Austausch von Daten für Außendienstmitarbeiter

- Spezielle Applikationen für Kunden (bspw. Track-and-Trace-Lösungen von Logistikunternehmen)

- Austausch von Informationen mit Kunden in einer geschlossenen Nutzergruppe

All diese Anwendungen, die sich inzwischen schon in großer Zahl im Netz befinden, sind nur dann erfolgreich, wenn sie dem Kunden einen Zusatznutzen bieten, möglichst einfach und schnell zu bedienen sowie stets aktuell auf dem neuesten Stand sind. Rechnen Sie also genug Zeit und Geld zur permanenten Pflege solcher Anwendungen ein. Außerdem empfehlen wir eine Verknüpfung mit dem ERP-System.

Beispiel

Wollen Sie beispielsweise einen Teil Ihrer Produkte online verkaufen, so sollten Sie in den Artikelstammdaten Ihres ERP-Systems hinterlegen können, um welche Produkte es sich handelt, welche Informationen Sie online zur Verfügung stellen möchten (Bilder, Beschreibungen, Maße etc.) und zu welchem Preis. Manche Systeme sehen das Hinterlegen solcher Informationen bereits vor. Die Produkthierarchie, mit der Sie Ihre Produkte im System hinterlegt haben, muss jedoch nicht identisch sein, wie Sie diese online verfügbar machen wollen (bspw. haben Sie eine Handcreme intern unter Kosmetika hinterlegt, online verkaufen wollen Sie diese aber als Winter- oder Gesundheitsprodukt). Auch hier muss eine Lösung möglich sein. Ihr ERP-System sollte zudem eingehende Bestellungen, insbesondere wenn Sie größere Mengen erwarten, automatisch übernehmen können.

Hinweis

Realisieren Sie vor Inbetriebnahme Ihres Web-Auftrittes unbedingt eine Pilotanwendung mit geringstem Budget. Ein Funktionstest von Benutzern, die sich wie Ihre Kunden und Geschäftspartner verhalten, wird Ihnen wertvolle Erkenntnisse bringen. „Im stillen Kämmerchen" wären Sie nie auf diese Ideen gekommen!

4.14   Zusammenfassung der Anforderungen

Auf Seite 7 hatten wir Ihnen empfohlen, Ihre Anmerkungen für die Abläufe und Strukturen schriftlich zu erfassen. Egal ob Sie dies mit Hilfe der in Kapitel 3 vorgestellten Methoden oder auf eine andere Art gemacht haben, gilt es nun, diese Informationen greifbar zusammenzufassen.

Als Ergebnis des vierten Kapitels sollten Sie

1. Ihre Abläufe und Strukturen schriftlich dokumentiert haben sowie darüber hinaus noch

2. mittels eines Kettendiagramms die Verkettungen der Prozesse darstellen.

Kettendiagramm

Ein Kettendiagramm soll die Beziehungen zwischen Prozessen sowie deren Reihenfolgen bei übergeordneten Abläufen veranschaulichen. Nutzen Sie zur Darstellung entweder eine Kreuztabelle der Prozesse oder grafische Symbole, die mit Pfeilen und Linien verbunden werden.

Sie benötigen die Dokumente aus Kapitel 4 für alle weiteren Schritte bis zur Systemeinführung. Die Ermittlung der Systemanforderungen basiert auf den Prozessen, insbesondere die Arbeiten im Rahmen von Unterkapitel 5.6   *Vorgehensrahmen bei der Auswahl der Systeme und Komponenten.* Bei der darauf aufbauenden Erstellung des Pflichtenheftes und der Systemauswahl von Kapitel 6 werden Sie Ihre Prozessbeschreibungen immer wieder nutzen. Auch in Kapitel 7 *Systemeinführung* werden Sie immer wieder auf die Dokumentationen der Abläufe und Strukturen verwiesen, insbesondere im Rahmen des Vorgehensmodells von Unterkapitel 7.5.

5 Systemanforderungen

In den vorausgegangenen Kapiteln haben wir uns mit den einzelnen Komponenten des IT-Systems beschäftigt, um zu sehen, welche Art der IT-Unterstützung für die Geschäftsprozesse des neu zu gründenden Unternehmens in Frage kommen könnte. Genau wie bei der Planung einer Produktionsstätte genügt es nicht, sich nur um die einzelnen Werkzeuge zu kümmern und Maschinen zu beschreiben und auszuwählen. Vielmehr ist die IT genau so wie andere organisatorische Einheiten im Unternehmen als ein zusammenhängendes Gebilde zu betrachten, welches nur funktioniert, wenn Sie die einzelnen Teile in einer abgestimmten Architektur zusammenbauen und die organisatorischen Voraussetzungen schaffen, dass Sie einen sicheren und ordnungsgemäßen Betrieb gewährleisten können.

Wir werden in diesem Kapitel darstellen, dass die IT nicht nur dazu da ist, die Prozesse zu unterstützen, sondern genau so wie die Buchhaltung oder das Personalwesen selber auch als ein unternehmensübergreifender Prozess zu verstehen ist. Diesen gilt es wie die anderen Prozesse zu planen, Prozessverantwortliche zu bestimmen, Rollen zuzuweisen, Mengengerüste zu erstellen und Ressourcen für ihn bereitzustellen.

In diesem Kapitel befassen wir uns darum mit:

- **der Architektur der IT, dem technischen Aufbau des Gesamtsystems (Abbildung 11)** – Hier fragen wir, wie die Komponenten logisch zusammenhängen um den Prozess der IT- Unterstützung für andere Prozesse zu ermöglichen;

- **dem Betrieb und der Sicherheit der IT** – Hier fragen wir, was gewährleistet sein muss, damit wir sicher mit der IT arbeiten können;

- **den Infrastrukturvoraussetzungen der IT und dem Rahmen, in den die IT als Ganzes eingebettet ist** – Hier fragen wir, welche organisatorische und infrastrukturelle Umgebung wir schaffen müssen, um eine Unternehmens-IT überhaupt zu betreiben;

- **der Bereitstellung der IT-Systemkomponenten** – die als IT-Infrastruktur zu betrachten sind, damit wir die einzelnen Anwendungen, die wir zur Unterstützung der jeweiligen Unternehmensprozesse ausgewählt haben, sinnvoll einsetzen können – Hier fragen wir nach den Plattformelementen, ihrem Zusammenspiel und den nachgelagerten Systemen;

- **dem Vorgehen bei der Auswahl der Systeme** – Hier fragen wir nach einer Methode, um sich einer optimalen Systemlandschaft für das jeweilige Unternehmen zu nähern.

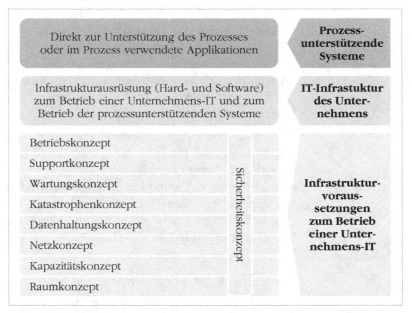

Abbildung 11: Aufbau der Gesamt-IT mit den dazugehörigen Infrastrukturkomponenten

Als Unternehmensgründer haben Sie nicht nur die Aufgabe, Ihre zukünftige IT zu planen, sondern Sie müssen sie auch in Gang setzen und in den Tagesablauf integrieren. Das bedeutet, dass Sie über ein gewisses Quantum an IT-Managementwissen verfügen müssen.

Egal wie groß Ihr zukünftiges Unternehmen ist, die IT des Unternehmens mit ihrer Prozessunterstützung muss von jemandem geführt werden. Ob Sie diese Führung zu Beginn selbst wahrnehmen oder ob Sie auf Grund der Größe des Unternehmens einen IT-Leiter benennen können, die Wahrnehmung folgender zentralen Managementaufgaben müssen Sie vom ersten Tag an sicherstellen:

- Eingliederung der IT in das Gesamtunternehmen
- Interne Organisation der Informationsverarbeitung
- Aufrechterhaltung der Infrastruktur, um eine IT zu betreiben, und der IT-Infrastruktursysteme und der dazugehörigen Komponenten
- Sicherung der Wirtschaftlichkeit
- Aufrechterhaltung des Betriebes und der Sicherheit
- Planung, Steuerung und Kontrolle des IT-Prozesses
- Support der Nutzer und der Prozesskunden

Die folgenden Ausführungen sollen Ihnen helfen, diese Aufgabe leichter zu bewältigen.

5.1   Der grundsätzliche technische Aufbau des neuen Gesamtsystems

Als Nicht-Informatiker werden Sie sich nicht in die technischen Details des Aufbaus eines Rechners oder einer Unternehmens-IT vertiefen wollen. Sie sollten jedoch ein Gefühl dafür entwickeln, wie die einzelnen Komponenten logisch zusammenarbeiten. Damit gewinnen Sie wichtige Erkenntnisse über den Komplexitätsgrad Ihrer gewählten Lösung und können so abschätzen, wie groß später der Betreuungsaufwand für die vorzuhaltenden Systeme sein wird. Aus diesem Grunde möchten wir Ihnen hier etwas Theorie zum Aufbau von Rechnern und Rechnerstrukturen nahe bringen.

Der einfachste Fall

Theoretische Grundlagen

Selbst wenn Sie nur ein Mobiltelefon in der Hand halten, weist dies aus IT-Sicht schon mindestens drei logische Schichten auf:

- die **Benutzerschicht**, bestehend aus den Ein- und Ausgabeeinheiten wie Tastatur und Bildschirm, Lautsprecher und Mikrofon;
- die **Verarbeitungs- oder Steuerungsschicht**, das sind die Anwendungen, die Sie brauchen, damit überhaupt

47

etwas geschieht, auch Applikationen genannt. Die Software zum Beispiel, die es ermöglicht, eine Verbindung aufzubauen, verarbeitet die Befehle und Adressen (= Telefonnummern), die Sie über die Tastatur eingegeben haben, und steuert den Verbindungsprozess;

- die **Datenschicht**, das sind Ihre individuellen Daten, damit Ihr Telefon als das Ihre identifiziert werden kann und die von Ihnen eingegeben Adressen und Telefonnummern zugeordnet werden können.

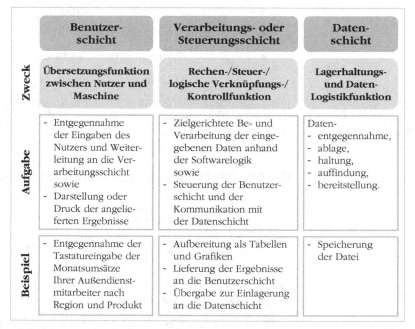

	Benutzer-schicht	**Verarbeitungs- oder Steuerungsschicht**	**Daten-schicht**
Zweck	Übersetzungsfunktion zwischen Nutzer und Maschine	Rechen-/Steuer-/ logische Verknüpfungs-/ Kontrollfunktion	Lagerhaltungs- und Daten- Logistikfunktion
Aufgabe	- Entgegennahme der Eingaben des Nutzers und Weiterleitung an die Verarbeitungsschicht sowie - Darstellung oder Druck der angelieferten Ergebnisse	- Zielgerichtete Be- und Verarbeitung der eingegebenen Daten anhand der Softwarelogik sowie - Steuerung der Benutzerschicht und der Kommunikation mit der Datenschicht	Daten- - entgegennahme, - ablage, - haltung, - auffindung, - bereitstellung.
Beispiel	- Entgegennahme der Tastatureingabe der Monatsumsätze Ihrer Außendienstmitarbeiter nach Region und Produkt	- Aufbereitung als Tabellen und Grafiken - Lieferung der Ergebnisse an die Benutzerschicht - Übergabe zur Einlagerung an die Datenschicht	- Speicherung der Datei

Abbildung 12: Die Schichten eines Rechners und ihre zugeteilten Aufgaben

Auf einem Handy, einem Laptop oder PC sind alle diese Schichten praktischerweise in oder an einem Gerät untergebracht. Man spricht hier von einer **Ein-Ebenen-Architektur**, weil eine einzige Rechnerintelligenz alle drei Schichten gleichzeitig zentral steuert (Abbildung 12).

Diese Architektur ist dann sinnvoll, wenn ein Benutzer eine Datenbank, beispielsweise die Kundenadressen und die Kundenkontaktinformationen, alleine nutzt. Arbeiten aber mehrere Mitarbeiter mit diesen Daten, dann können Sie sich leicht vorstellen, dass es bald nicht mehr möglich sein wird, die Daten auf allen Rechnern immer aktuell in identischer Form zu halten. Schon nach wenigen Tagen werden die Mitarbeiter

- jeweils über unterschiedliche individuelle Versionen des Datenbestandes verfügen,

- wird jeder für sich Speicherplatz für Daten brauchen, die eigentlich nur einmal gespeichert werden müssen,

- mit Fehlerkorrekturen und Abstimmungstätigkeiten Zeit verschwenden.

führendes System   Daten dürfen im Unternehmen grundsätzlich nur einmal gespeichert werden, um ihre Konsistenz und Integrität (s. u.) sicherzustellen. Das System, welches diese Aufgabe übernimmt, wird als führendes System bezeichnet. In anderen Systemen können die Daten des führenden Systems zu Analyse- und Auswertungszwecken dupliziert werden.

Im Unternehmen, wo mehrere Benutzer mit denselben Datenbanken arbeiten und auch oft die gleiche Applikation nutzen, müssen andere Architekturen gewählt werden. Schon aus Kostengründen und weil der Koordinations-, Wartungs- und Abstimmungsaufwand ins Unermessliche steigen würde, sind autonome Einzelsysteme nicht mehr zu bewirtschaften.

Aufteilung der   Als Lösung bietet sich an, die einzelnen Schichten auf mehrere
Schichten auf   Ebenen, d.h. Computer zu verteilen. Man spricht hier von **ver-**
mehrere Ebenen   **teilten Anwendungen**. Bei diesen haben wir zusätzlich den Vorteil, dass wir die Verteilung der Zugriffsrechte und die Sicherung der Daten wesentlich flexibler und zuverlässiger organisieren können.

Ein weiteres Argument für die verteilten Anwendungen ist, dass so den wechselnden Anforderungen des Unternehmens besonders in Wachstumsphasen schneller und flexibler Rechnung getragen werden kann.

Auf der anderen Seite brauchen verteilte Anwendungen auch wiederum eine eigene Infrastruktur wie Hardware (sog. **Router**) und Software (sog. **Middleware**) und ein Netzwerk, über das die einzelnen Systemkomponenten miteinander kommunizieren.

Verteilte Anwendungen

Die einfachste Form einer verteilten Anwendung stellt die **Zwei-Ebenen-Architektur** dar. Man spricht auch von einem

Client/Server-System, wobei man zwei verschiedene Clienttypen (Abbildung 13) unterscheidet:

- **einfacher Terminal** oder **Thin Client**, wenn der Client nur die Benutzerschicht aufweist, der die Eingaben des Benutzers aufnimmt und diese an den Server weiterleitet. Der Server enthält hier die Datenbank und die Steuerungsschicht, bearbeitet die Anfrage des Clients und sendet eine Antwort, die der Client dem Benutzer auf dem Bildschirm darstellt;

- **Fat Client**, wenn der Server nur die Datenschicht aufweist und zusätzlich auf dem Client die Verarbeitungssoftware installiert sein muss.

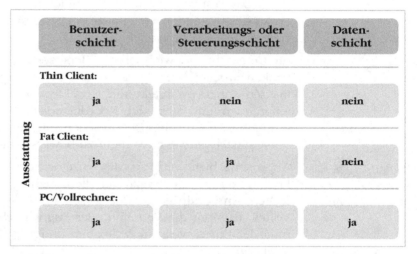

Abbildung 13: Rechnertypen und ihre zugeordneten Schichten

Beispiel Fat Client

Haben Sie auf Ihrem Rechner Powerpoint installiert, legen aber die erstellten Präsentationen nicht auf ihrem Computer ab, sondern auf einem zentralen Rechner in Ihrem Unternehmen, auf den auch andere zugreifen und diese Präsentationen ansehen können, dann arbeitet Ihr PC als Fat Client.

Beispiel Thin Client

Bearbeiten Sie Ihre E-Mails direkt im Internet auf dem Web-Server Ihres Providers, dann ist Ihr PC lediglich ein Thin Client, der mittels Browser nur zur Aus- und Eingabe dient, da auch die Applikation, um die E-Mails zu bearbeiten, von ihrem Provider auf seinen Systemen zur Verfügung gesellt wird.

Von einer **Drei-Ebenen-Architektur** spricht man, wenn die Anwendungen, die Datenbanken und die Benutzerschicht jeweils separat auf verschiedenen selbständigen Rechnern liegen. Das Zusammenspiel von Ebenen und Schichten bei einem Vollrechner, einem Client-Server-System sowie der Drei-Ebenen-Architektur ist in Abbildung 14 dargestellt.

Abbildung 14: Das Zusammenspiel von Ebenen und Schichten

In den meisten Unternehmen, besonders wenn sie stark vernetzt sind, werden die einzelnen Ebenen noch weiter aufgeteilt. Man spricht dann von einer **N-Ebenen-Architektur**. Solch komplexe Architekturen werden wir jedoch nicht eingehender beschreiben, da diese für Sie entweder nicht von Bedeutung sind oder jedoch die Unterstützung von Spezialisten erfordern.

Konsequenzen für die Planung

Für die Planung der IT hat die Wahl der Architektur einen entscheidenden Einfluss auf die Erstinvestition und auf die laufenden Betriebskosten. Mit der steigenden Größe Ihres Unternehmens wird die interne Vernetzung wachsen und immer mehr Ansprüche an die Architektur der IT stellen.

Es werden sicher auch verschiedene Eben-Architekturen gleichzeitig zur Anwendung kommen, von denen der Nutzer oft gar nichts merkt, da er mit seinem PC ein Multifunktionsgerät besitzt.

Was sich auf der einen Seite als großer Vorteil darstellt, nämlich der unmerkliche Übergang zwischen dem unabhängigen Personal Computing auf dem eigenen Rechner und dem Arbeiten auf entfernten, streng organisierten Systemen irgendwo in der Unternehms-IT, ist eine der größten Herausforderungen für den ordnungsgemäßen Betrieb und die Sicherheit des Gesamtsystems.

Wie wir gesehen haben, kann die Informationssystemlandschaft technisch sehr flexibel aufgebaut werden. Technisch möglich ist natürlich nicht immer wirtschaftlich sinnvoll. Wir halten es darum an dieser Stelle für wichtig, auf vier immer wieder bei einer IT-Investition auftretende Kostenfallen hinzuweisen, damit Ihre IT-Landschaft später nicht zu unangemessen hohen Kosten führt.

Kostenfallen

1. Kostenfalle: Mangelnde Skalierbarkeit

Ihr Unternehmen ist neu und es wird wachsen. Sie haben Ihre Bedürfnisse zum jetzigen Zeitpunkt zwar klar definieren können, aber was in den nächsten zwei bis drei Jahren genau auf sie zukommt, können Sie nur vermuten. Die Mengengerüste Ihrer Prozesse beruhen auf ersten Schätzungen und könnten sich noch in Teilbereichen schnell um eine Zehnerpotenz ändern. All dies ist normal, darum sollten Sie Ihre IT-Systeme so anlegen, dass Sie sie bei jeder Größenänderung einfach anpassen - **skalieren** - können. Eine nicht skalierbare IT ist eines der größten Hemmnisse für eine organische Unternehmensentwicklung. Systemwechsel sind oft kostspieliger und heikler als die Neueinführungen von Systemen.

Hinweis

Lassen Sie sich von Ihrem Anbieter die Grenzen der Systeme zeigen. Achten Sie darauf, dass Systeme, die theoretisch ins Unendliche wachsen können, irgendwann in ihrem Wachstum Geschwindigkeit einbüßen oder unwirtschaftlich arbeiten. Für Ihren Wanderverein können Sie mit Excel wunderbar die Kasse verwalten. Bei einem mittleren Unternehmen theoretisch auch, jedoch würden Sie aller Erfahrung nach an Bedienungsfehlern, Datenvolumen oder anderen Schwierigkeiten in der Praxis scheitern.

2. Kostenfalle: Mangelnde Interoperabilität und Kompatibilität

Eine Unternehmens-IT muss so aufgebaut sein, dass die einzelnen Elemente miteinander kompatibel sind und zusammenarbeiten können. Diese Feststellung sollte eigentlich überflüssig sein, aber bei der Vielzahl der Komponenten, die sich in einer Unternehmens-IT zusammenfinden müssen, ist dies keine Selbstverständlichkeit. Bemerken Sie die mangelnde Interoperabilität und Kompatibilität erst später, kann dies zu erheblichen Kostenfolgen führen. Je einheitlicher Ihr IT-System ist, je mehr Sie aus einer Hand beziehen, desto sicherer können Sie sich fühlen.

Hinweis   Genau wie die Eigenschaft der Skalierbarkeit sollten Sie sich die Eigenschaften der Interoperabilität und Kompatibilität von ihren Systemanbietern und Lieferanten garantieren lassen und in die jeweiligen Pflichtenhefte aufnehmen.

3. Kostenfalle: Nichtbeachtung der TCO

Unter **TCO** versteht man die „**Total Cost of Ownership**", die auf die ganze Lebensdauer berechneten Kosten, die mit einer Anschaffung direkt und indirekt zusammenhängen und durch diese verursacht werden. Die Wichtigkeit, nicht nur die Anschaffungskosten der IT zu betrachten, zeigen folgende Zahlen:

Untersuchungen haben ergeben, dass in einem durchschnittlichen Unternehmen bis zu 71 % der Arbeitszeit an einem IT-System verbracht werden, 31 % von dieser Arbeitszeit bezeichnen die Nutzer aber als unproduktive Zeit, in der sie

- nach Fehlern suchen und Fehler beheben,

- nach Hilfe suchen und andern helfen,

- irgendein System neu einrichten oder umkonfigurieren,

- dem IT-Arbeitsplatz fernbleiben, weil Sie sich durch eine nicht ergonomische Anordnung der Systeme krank fühlen, oder

- einfach nur auf die Antwort oder die Eingabeaufforderung eines IT-Systems warten (Abbildung 15).

Untersuchungen haben gezeigt, dass in einem durchschnittlichen Unternehmen 71% der Arbeitszeit an einem IT-System verbracht werden. 31% von dieser Arbeitszeit bezeichnen die Nutzer als unproduktive Zeit.

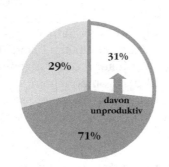

Unproduktive Zeit, in der Mitarbeiter
- nach Fehlern suchen und Fehler beheben,
- nach Hilfe suchen und andern helfen,
- irgendein System neu einrichten oder umkonfigurieren,
- dem IT-Arbeitsplatz fernbleiben, weil sie sich durch nicht ergonomische Anordnung der Systeme krank fühlen,
- einfach nur auf die Antwort eines IT-Systems warten.

Grob geschätzt geht pro Woche pro Mitarbeiter ein Tag durch eine nicht ergonomische IT verloren.

Abbildung 15: Unproduktive IT-Arbeitszeit

Hinweis

Grob geschätzt geht pro Woche pro Mitarbeiter ein Tag durch die IT verloren. Auch zu diesen Kosten müssen die Anschaffung und der Betrieb der IT in Beziehung gesetzt werden, um einen wirtschaftliche Gesamtlösung zu finden.

4. Kostenfalle: ausufernde Inbetriebnahme

Die Anforderungen an Ihre künftigen Systeme sollten umfassend definiert werden, denn diese werden mit Ihrem Unternehmen wachsen und sich mit den Entwicklungen Ihrer Märkte verändern. Sie müssen flexibel auf diese Änderungen reagieren können, darum sollten Sie alle realistischen Eventualitäten in die Planung einbeziehen. Hier gilt: **think big!**

Zur Inbetriebnahme sollten Sie sich jedoch auf das existenziell Notwendige beschränken, um die Komplexität so gering wie möglich zu halten. Dies gilt insbesondere für Schnittstellen. Hier gilt: **start small!**

Hinweis

Durch diese Beschränkung stellen Sie sicher, dass Budget und Termine eingehalten werden und Sie für Ihr Unternehmen vom Start an die erforderliche systemtechnische Unterstützung erhalten, die Sie brauchen, ohne die Türen in die Zukunft zugeschlagen zu haben.

5.2   IT-Sicherheit und Betrieb

Im Sinne einer gesamtheitlichen Investitionsbetrachtung sollten Sie auch an die späteren Anforderungen und Kosten des Betriebes der Unternehmens-IT denken. Gerade in der Gründungsphase müssen Sie viele organisatorische Weichen stellen, deren Auswirkungen auf das Unternehmensergebnis Sie erst viel später feststellen. Dies trifft gerade auf die Organisation der IT im Unternehmen zu.

Untrennbar von der Organisation des Betriebes und der Nutzung der IT ist auch die Schaffung und die Aufrechterhaltung der IT-Sicherheit zu sehen. Genau wie bei der Benutzung eines Autos bedingen sich dessen Nutzungs- und Sicherheitskonzept gegenseitig.

Nutzungskonzept gleich Sicherheitskonzept

Die Anforderungen an die Sicherheit der IT bilden den Rahmen, in dem die IT genutzt und betrieben werden darf. Wer die Nutzung der IT nur im privaten Rahmen kennt, der kennt vergleichbar auch nur das Autofahren im eigenen Vorgarten, nicht aber die Verhaltensregeln im Straßenverkehr und die Anforderungen an den Sicherheitsstandard seines Fahrzeuges.

Im privaten isolierten Gebrauch dürfen Sie sich Ihren Laptop im Bahnhof stehlen lassen, so viel Viren, Dialer und Trojaner auf ihrem System haben, wie Sie wollen, das ist Ihr Problem. Aber wenn Ihr privates System einen Internetanschluss besitzt und es von irgendjemandem mit einem Trojaner gekapert und zum Spam-Versender wird, müssen Sie mit rechtlichen Konsequenzen rechnen. Dies ist auch der Fall, wenn Sie Ihr Funknetzwerk (WLAN) offen lassen (d.h. nicht verschlüsseln) und Dritte in der Nachbarschaft dies ausnutzen und strafbare Handlungen über Ihre Internetadresse begehen.

Sie müssen sich, wie wir weiter unten erläutern werden, aus **wirtschaftlichen** und **rechtlichen** Gründen Gedanken zum sicheren Betrieb Ihres IT-Systems machen. Gerade wenn Ihre IT eine hohe Bedeutung für Ihr Unternehmen hat und/oder wenn Ihr Unternehmen einen hohen Reglementierungsgrad aufweist, können Sicherheitslücken in der IT zu unternehmensbedrohenden Katastrophen führen.

Rechtliche Aspekte der IT-Sicherheit

Die Auflagen des Gesetzgebers an Sie, den Verantwortlichen für das Unternehmen, eine adäquate IT-Sicherheit zu gewährleisten, sind vielfältig. In den deutschsprachigen Ländern kommen verschiedene Gesetze zum Zuge, die hier Forderungen stellen. In Deutschland etwa kennen wir das Gesetz zur Kontrolle und Transparenz im Unternehmensbereich, das Aktiengesetz, das GmbH-Gesetz, das Handelsgesetzbuch, das Datenschutzgesetz und natürlich das Strafgesetzbuch, um nur einige Vorschriften zu nennen, die direkt oder indirekt auf den ordnungsgemäßen Betrieb der IT oder die IT-Sicherheit Bezug nehmen.

Inhaltlich unterscheiden sich die Anforderungen in den einzelnen Ländern kaum. Die Verpflichtung des Unternehmers zu einer angemessenen IT-Sicherheit leitet sich in der Regel aus den Vorschriften über die Verpflichtung des Kaufmanns zur Klarheit, Wahrheit, Zeitnähe und Transparenz seiner Aufzeichnungen und der damit verbundenen Aufbewahrungsfristen ab. Bei Kapitalgesellschaften kommt die Verpflichtung zu einem angemessenen Risikomanagement hinzu. Speziell zu erwähnen sind die Datenschutzbestimmungen, die den Schutz personenbezogener Daten, z.B. Personaldaten, regeln.

Hinweis

Für manche Berufsgruppen, beispielsweise für Ärzte, Rechtsanwälte etc. und auch für spezielle Branchen, die mit schutzbedürftigen Daten umgehen, hat der Gesetzgeber zusätzliche Spezialnormen erlassen. Bitte erkundigen Sie sich bei den für Ihre Berufsgruppe oder Ihre Branche zuständigen Organisationen nach den geltenden Normen.

Neben den für Sie unmittelbar anzuwendenden gesetzlichen Vorschriften, die Sie direkt betreffen, werden Sie auch indirekt angehalten, für eine angemessene IT-Sicherheit zu sorgen. Ihr Abschlussprüfer ist unter anderem verpflichtet festzustellen, ob die zukünftigen Risiken des Unternehmens korrekt dargestellt sind, hierzu zählt auch das von der IT ausgehende Risiko. Auch hat der Gesetzgeber den Banken auferlegt, bei der Kreditvergabe an Unternehmen deren IT-Risiken angemessen zu berücksichtigen.

Wirtschaftliche Aspekte der IT-Sicherheit

Der Ausfall, Verlust oder Diebstahl von Daten, aus welchen Gründen auch immer, kann einem Unternehmen, besonders einem jungen Unternehmen, so großen Schaden zufügen, dass es in seiner Existenz gefährdet wird.

Stellen Sie sich vor, alle Ihre Kundendaten sind plötzlich unwiederbringlich verloren, Ihr Konkurrent kommt in den Besitz Ihrer Rezepturen, Kalkulationen, Angebote usw. Zusätzlich zum eigenen Schaden werden Sie ggf. von Kunden, Lieferanten oder Mitarbeitern mit Schadensersatzprozessen überzogen, weil Sie Geschäftsgeheimnisse Dritter oder personenbezogene Daten nicht genügend geschützt haben. Stellen Sie sich vor, durch ein Problem mit Ihrer IT sind Sie, obwohl Sie genug flüssige Mittel zur Verfügung haben, nicht mehr in der Lage, Ihre dringend fälligen Zahlungen zu begleichen, weil Ihnen die nötigen Informationen hierzu zerstört worden sind. Nun bleibt Ihnen nichts mehr übrig, als bei Ihrem Gericht vorsorglich Konkurs wegen Illiquidität anzumelden.

Die Liste der Horrorszenarien kann beliebig verlängert werden, und die Frage nach den Kosten der IT-Sicherheit taucht auf. Sicherheit ist kein unlösbares Problem und verlangt auch nicht nach riesigen Investitionen. IT-Sicherheit ist eher eine Frage der Einstellung und des Verhaltens im täglichen Geschäftsablauf. IT-Sicherheit ist wie Autofahren im Straßenverkehr: eine sichere Fahrweise ist nicht teurer, sogar auf die Dauer preiswerter als kopfloses Dahinrasen. Auch IT-Sicherheit hat mit dem gesunden Menschenverstand zu tun – vielleicht noch mehr als mit kompliziertem IT-Fachwissen!

Schutzwürdige Eigenschaften von Daten

Die von Ihnen gehaltenen Daten stellen einen Teil des Unternehmenswertes dar. Damit dieser erhalten bleibt, müssen die Daten so gesichert sein, dass sie stets dem Unternehmenszweck dienen können. Damit dies der Fall ist, muss Ihre Datenhaltung im Rahmen der IT-Sicherheit grundlegende Kriterien und Prinzipien erfüllen.

Vertraulichkeit Es ist sicherzustellen, dass Daten nur den Personen oder den anderen IT-Systemen zur Verfügung gestellt werden, die befugt sind, diese zu nutzen; unbefugte Personen und Systeme dürfen den Inhalt dieser Daten nicht kennen.

Verfügbarkeit Es ist sicherzustellen, dass die Daten, die der einzelne Nutzer oder ein anderes IT-System für die Ausführung des vereinbarten Geschäftsprozesses braucht, in der vereinbarten Qualität, am

vereinbarten Ort und zur vereinbarten Zeit zur ordnungsgemäßen Nutzung zur Verfügung stehen.

Integrität   Es ist sicherzustellen, dass die Daten unverändert und vollständig
zur Verfügung stehen, so dass sich der Nutzer auf die Daten verlassen kann und unerlaubte Manipulationen und Verfälschungen
nicht möglich sind. Bei einer gewünschten Veränderung der Daten im Sinne einer Verarbeitung müssen die Zeit, das Datum des
Eingriffs und der Autor ermittelbar sein.

Zugang zu den   Zwei wichtige weitere Prinzipien beim betrieblichen Umgang mit
Daten   IT-Systemen sind im Zusammenhang mit dem Zugang zu den
Daten anzuführen:

1. **Durchführung der Autorisierung**

   Es ist sicherzustellen, dass nur Personen und/oder andere
   Systeme bestimmte Aufgaben erledigen, Eingriffe durchführen oder Anwendungen starten können, wenn sie dazu formell auch berechtigt sind und diese Rechte dokumentiert
   sind. Am einfachsten ist die Autorisierung sicherzustellen,
   wenn Ihre Software ein flexibel zu administrierendes **Rol-
   lenkonzept zur Benutzerverwaltung** anbietet.

2. **Durchführung der Authentisierung**

   Es ist sicherzustellen, dass Personen oder andere IT-Systeme,
   bevor sie auf die betroffenen IT-Systeme zugreifen können,
   sich identifizieren müssen (z.B. über Passwörter, Fingerab-
   druck usw.), damit über ihre Autorisierung entschieden werden kann.

Alle Einzelmaßnahmen, die im Rahmen der IT-Sicherheit ergriffen werden, dienen einem oder mehreren der oben genannten
Prinzipien. Ziel ist es, die geltenden Rechtsvorschriften zu erfüllen und wirtschaftlichen Schaden oder sogar IT-bedingte Unter-
nehmenskatastrophen zu verhindern (Abbildung 16).

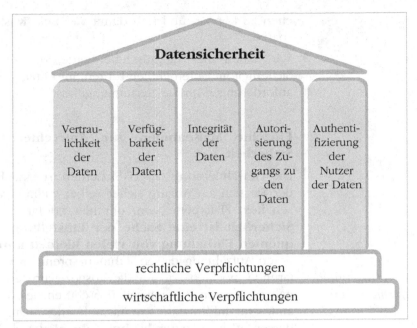

Abbildung 16: Die Säulen der Datensicherheit

Die wichtigsten Ursachen IT-bedingter Katastrophen

Nur wer seinen Feind kennt, kann ihn besiegen. Wir lesen fast jeden Tag darüber oder wir können selber aus eigener oder aus der Erfahrung von Bekannten über die Ursachen von IT bedingten Katastrophen für Unternehmen berichten. Diebstahl von Laptops, Viren, Trojaner, plötzlich gelöschte Festplatten und solche Dinge werden hier regelmäßig angeführt.

Lassen Sie sich nicht in die Irre führen, dies sind nie die Gründe für Katastrophen, höchstens Auslöser.

Hinweis

Die wahre Ursache von IT-Katastrophen liegt im Verhalten der Menschen in Ihrem Unternehmen – also bei Ihnen und bei Ihren Mitarbeitern. Hier müssen Sie ansetzten.

IT-Sicherheit ist in erster Linie eine organisatorische Herausforderung und eine tägliche Führungsaufgabe. Sie müssen sich aber schon bei der Gründung Ihres Unternehmens damit auseinander setzen, um gleich zu Anfang die Weichen richtig zu stellen und die Anforderungen an die IT als Prozess richtig zu definieren. Hier sind Sie als Verantwortlicher für das Unternehmen laufend zum konkreten Handeln aufgefordert. Sie als Unternehmensgründer haben die große Chance, es von Anfang an richtig machen zu können und sich damit viel Zeit, Kosten und Ärger zu sparen.

Wir haben die Hauptursachenherde, die zu mangelnder IT-Sicherheit im Unternehmen führen, im Anhang B: Sicherheitsanforderungen für Sie zusammengefasst.

Einzelne Maßnahmen zur Aufrechterhaltung der IT-Sicherheit

Die Gewährleistung der IT-Sicherheit ist eine Führungsaufgabe, der Sie sich am Anfang sicher selber widmen werden. Sie müssen kein IT-Experte sein, um hier erfolgreich zu agieren. **IT-Sicherheit ist eine Sache der Einstellung und der konsequenten Einhaltung von vielen kleinen konkreten Dingen,** deren Aufzählung diesen Rahmen sprengen würde. Aus diesem Grunde möchten wir auf die ausgezeichneten und sehr praxisnah gehaltenen kostenlosen Broschüren des deutschen Bundesamtes für Informationstechnik aufmerksam machen, die Sie auf dessen Website **www.bsi.bund.de** herunterladen können und die wir nur sehr empfehlen können. Auch bieten die Portale der oft mit öffentlichen Geldern unterstützten nationalen Institute, die sich mit Unternehmensgründungen beschäftigen, wertvolle Informationen und häufig auch Checklisten. Einige Bespiele aus der Schweiz sind die Melde- und Analysestelle für Datensicherheit **www.melani.admin.ch** oder **www.datenschutz.ch.**

Weiterführende Informationen

5.3   Infrastrukturvoraussetzungen

Ob Sie nun zunächst nur mit einem einzigen PC und einer separaten Festplatte zur Datensicherung starten oder ob Sie schon von Anfang an mit einer Reihe von vernetzten Systemen arbeiten, die Forderungen an den Betrieb Ihres kleinen oder großen, zentralen oder dezentralen „Rechencenters" sind immer gleich.

- Die Systeme müssen für die zu unterstützenden Prozesse bereitstehen.

- Der Zugriff auf die Daten muss entsprechend den vereinbarten Kriterien sichergestellt sein.

- Der Schutz und die Sicherheit müssen aufrechterhalten werden.

- Die Infrastruktur wie Netzwerke und Räumlichkeiten müssen bereitstehen.

- Die Performanz muss im täglichen Betrieb aufrechterhalten und überwacht werden.

- Die Wirtschaftlichkeit der Investition und des Betriebes muss sichergestellt werden.

- Die internen Kunden müssen zufrieden gestellt werden.

Um diese Anforderungen an die IT zu erfüllen, müssen Sie der IT genauso wie Ihrer Produktion eine geeignete Infrastruktur zuteilen und die Aufwendungen dazu in Ihrem Businessplan vorsehen (Abbildung 17).

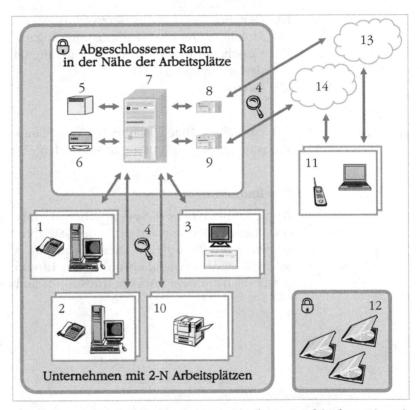

Abbildung 17: Beispiel einer typischen Architektur in einem kleinen Unternehmen

Legende
1.   Individuell mit persönlichem Vollrechner (PC) ausgerüsteter Arbeitsplatz mit persönlicher Arbeitsplatzsoftware

2. Individuell mit persönlichem Vollrechner (PC) ausgerüsteter Arbeitsplatz mit persönlicher Arbeitsplatzsoftware
3. Dockingstation für Mitarbeiter mit mobilem Arbeitsplatz mit persönlicher Arbeitsplatzsoftware
4. Sicherheitssoftware- oder Hardwarekomponente, die den Zugang zum Gerät überwacht
5. Applikations- und Datenserver mit gemeinsam benutzten Programmen und Daten wie z.B. CRM-System und kunden- und auftragsbezogene Daten
6. Zentrale Datensicherung mit mobilen Festplatten oder DVDs
7. Netzwerkserver (Router)
8. Internetmodem
9. Telefonzugang
10. Gemeinsam genutzter Netzwerkdrucker
11. Mobile Vollrechner (Laptops) mit Zugang zum Internet
12. Gesicherter und räumlich weit getrennter Aufbewahrungsort der gesicherten Daten
13. Internet

Hinweis

Wir empfehlen Ihnen, schon bei der Planung ein Konzept zur Vorhaltung der Infrastruktur zu entwerfen.

Das Raumkonzept

Wenn Sie mit einem IT-System arbeiten, müssen Sie sich Gedanken über den Raum machen, in dem Sie Ihre Systeme und Daten nutzen und aufbewahren. Dies gilt auch – oder gerade – wenn Sie in Ihrem Unternehmen nur einen Laptop haben und diesen gewöhnlich auf dem Rücksitz Ihres Autos aufbewahren.

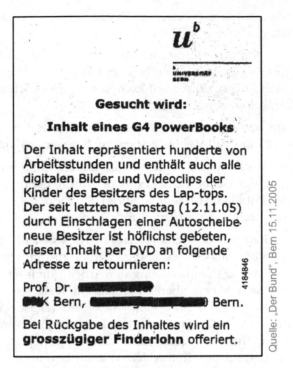

Abbildung 18: Gesucht wird: Inhalt eines G4 PowerBooks

In dem in Abbildung 18 dargestellten Fall hatte der Geschädigte seinen privat wie auch beruflich genutzten Laptop zusammen mit einer neuen Festplatte, auf der er zum ersten Mal mit Hilfe eines Bekannten ein Backup durchführen wollte, in seinem geparkten Auto liegen gelassen.

Ihre IT mit allen ihren Komponenten sollte so untergebracht sein, dass Sie den Anforderungen der Ergonomie und der Daten- und Arbeitsplatzsicherheit Rechnung trägt. Sie sollte auch für Wartungszwecke einfach zugänglich sein.

Die Teile des IT-Systems sollten gegen physische Einwirkungen geschützt sein. Hierzu gehören Elementargewalten wie Feuer, Wasser, Unwetter, Hitze und Kälte. Dies gilt auch für mobile Geräte, die hier besonders gefährdet sind, beispielsweise durch mechanische Zerstörung beim Transport.

Besonderes Augenmerk ist dem Zutrittsschutz zur IT zu schenken. Der Server, auf dem Ihre wichtigen Daten zentral gespeichert werden, sollte nicht nur über einen Passwortschutz verfügen, sondern abgeschlossen in einem Raum stehen, zu dem nur wenige befugte Personen Zutritt haben: dem zentralen Technikraum.

Wichtig !

Bewahren Sie Ihre Daten nicht alle in einem einzigen Raum auf! Besonders die Datenträger, mit denen Sie Ihr Backup durchgeführt haben, dürfen auf keinen Fall am gleichen Ort wie die Daten selbst gelagert werden.

Am besten bewahren Sie Ihre Backupmedien in einem anderen Gebäude und vielleicht sogar im Safe einer Bank auf.

Nicht nur dem Zugriff auf die Daten, sondern auch dem Diebstahl der Geräte ist Augenmerk zu schenken, insbesondere wenn Sie Publikumsverkehr in ihren Räumen haben oder als Berater mit ihrem Laptop beim Kunden arbeiten.

*Unterbrechungs-
freie Energiezu-
fuhr sicherstellen*

Im Rahmen des Raumkonzeptes ist auch die Sicherstellung der unterbrechungsfreien Energiezufuhr zu Ihren Systemen zu sehen. Eine kurze Unterbrechung der Arbeit durch einen Stromausfall ist ärgerlich, wenn aber anschließend festgestellt wird, dass auch Daten verloren sind, kann dies eine Katastrophe sein. Darüber hinaus schützt eine unterbrechungsfreie Stromversorgung meist auch Ihre zentralen Hardwarekomponenten vor schädlichen Spannungsspitzen aus dem öffentlichen Stromnetz.

Stellen Sie für wichtige Softwarekomponenten mindestens ein geregeltes Herunterfahren der Applikation bei Stromausfall sicher. So verhindern Sie Datenverluste oder sogar zeitaufwändige Neuinstallationen Ihrer Software.

Die nachfolgende Aufzählung fasst nochmals die wichtigsten Punkte zu einem zentralen Technikraum zusammen:

1. Zugangskontrolle

2. Brandschutz

3. Kühlung / Klimatisierung

4. Unterbrechungsfreie Stromversorgung

5. Schutz vor Spannungsspitzen

6. Not-Aus / geregeltes Herunterfahren

7. Backupmedien an anderen Orten lagern

Das Kapazitätskonzept

Wachstum

Sie haben sicher in Ihrem Businessplan berücksichtigt, dass Ihr Unternehmen stetig wächst und Sie deshalb auch mit zunehmender Unternehmensgröße die Kapazitäten Ihres IT-Systems –

und damit auch die Infrastrukturen, die das System benötigt – erweitern müssen.

Schwankungen

Auch im täglichen Ablauf, besonders wenn Sie kundenpräsenzbezogene Dienstleistungen und Services erbringen, E-Businessapplikationen im Einsatz haben oder stichtagsbezogener periodischer Datenverarbeitungsbedarf bei Ihnen anfällt, kann die Kapazitätsauslastung der Unternehmens-IT als Ganzes erheblich schwanken. Wer hat nicht schon einmal an einem Samstag beim Einkauf vor der Kasse auf die Antworten der Kreditkartenzentrale gewartet?

konkurrierende Anwendungen

Die IT darf nicht die Prozesse, die Sie unterstützen soll, behindern, weil sie an ihre Grenzen stößt. Das Kapazitätskonzept ist darum eine direkte Funktion der Kapazitätsplanung des Unternehmens. Bei einer Architektur mit verteilten Anwendungen müssen Sie zusätzlich berücksichtigen, dass Abläufe, die sachlich unabhängig voneinander sind und von verschieden Abteilungen durchgeführt werden, unerwartet um eine gemeinsam genutzte IT-Ressource konkurrieren können. Dies kann der Fall sein, wenn beispielsweise die Buchhaltungsabteilung und das Marketing gleichzeitig auf den Kundendatenbestand zugreifen, da der Buchhalter einen Mahnlauf gestartet hat und der Marketing-Manager eine Massenmail an alle Kunden versenden möchte. Besondere Aufmerksamkeit erfordert das Kapazitätskonzept des Unternehmensnetzwerkes.

Das Netzkonzept

Während in dem oben genannten Bespiel die Buchhaltungsabteilung mit dem Marketing um die Nutzung des Servers konkurriert, der die Kundendaten zur Verfügung stellt, aber alle anderen Systeme nicht betroffen sind, kämpft in einem Netzwerk jedes Bit mit jedem anderen Bit um die zugeteilten Ressourcen, unabhängig davon, zu welcher Applikation oder welchem Datenstamm es gehört. Die Kapazitäten eines Netzwerkes werden im Wesentlichen bestimmt durch

- die Geschwindigkeit, mit der die Daten in andere Netze, beispielsweise das Internet, geliefert werden können,

- die verwendeten Protokolle, mit denen die Daten verschickt werden, und

- die Bandbreite (Dateneinheiten pro Sekunde), die die zur Verfügung stehende Infrastruktur anbietet.

Ziel des Netzwerkkonzeptes ist es darum, das Netzwerk so zu dimensionieren und zu konzipieren, dass es zu vertretbaren Kosten immer zur Verfügung steht, wenn es gebraucht wird, und optimale Ausnutzung und Antwortzeiten vorweisen kann. Je verteilter die Anwendungen, je mehr Nutzer, je schwankender die Auslastung, umso komplexer wird das Konzept. Hier sind wieder einmal die Genauigkeit Ihrer Prozessbeschreibung und die exakte Ermittlung der Mengengerüste entscheidend, damit die optimale Netzarchitektur mit der Hilfe eines Fachmanns sorgfältig ermittelt werden kann.

Ein Netzwerkkonzept beschränkt sich nicht nur auf die nötige technische Planung und Bereitstellung, sondern muss auch Fragen beantworten wie:

- Wer beaufsichtigt, führt und pflegt das Netz?

- Welche Systeme und welche Nutzer haben welchen Zugang zum Netz?

- Welche Daten werden über welches Netz geschickt?

- Wie werden die Benutzer des Netzes verwaltet?

- Wie sind die Sicherheitsmaßnahmen zu gestalten?

- Wie ist die Prioritätenverteilung bei starkem Verkehrsaufkommen?

- Welche Bandbreiten sind erforderlich und mit welchen Prioritäten werden sie zugeteilt?

Das Datenhaltungskonzept

Solange jeder Mitarbeiter auf seinem eigenen PC mit seinen eigenen Daten arbeitet, können Sie ihn auch anweisen für eine geeignete ordentliche Haltung dieser Daten auf seiner Festplatte und für eine regelmäßige Sicherung, beispielsweise auf CDs, zu sorgen. Sobald Sie aber ein zentrales Backup der Daten verlangen, müssen Sie sich in Ihrem Unternehmen grundsätzlich die Frage nach der Datenhaltung als Funktion stellen.

Datenhaltung als zentrale Dienstleistung

Besonders wenn Sie über verteilte Systeme verfügen, ist die Datenhaltung und -bereitstellung eine zentrale Dienstleistung, die geplant, organisiert und für die ein Verantwortlicher bestellt werden muss.

Im Rahmen des Datenhaltungskonzeptes müssen beispielsweise Fragen beantwortet werden wie:

- In wessen Verantwortung liegt die Datenhaltung, -pflege, -bereitstellung und -sicherheit?
- Wer hat welche Zugangsberechtigung zu den Daten?
- Wie und in welcher Form müssen die Daten zur Verfügung gestellt werden?
- Welche Ressourcen müssen hierzu bereitgehalten werden?
- Wie werden die Daten auf die einzelnen Systeme verteilt?
- Wie soll der Transfer der Daten zwischen den Systemen geschehen?
- Wie wird der Ausfall von Systemen kompensiert?

Das Katastrophenkonzept

Katastrophenkonzept versus Sicherheitskonzept

Ein Katastrophenkonzept ist nicht mit einem Sicherheitskonzept zu verwechseln. Ein Katastrophenkonzept greift dann, wenn eine sicherheitsrelevante Störung aufgetreten ist. Mit einem Sicherheitskonzept sollen diese im Vorfeld vermieden werden. Wir empfehlen Betriebs- und Sicherheitskonzept als eine Einheit zu sehen und verweisen auf das vorhergehende Kapitel und den Anhang.

Ein Katastrophenkonzept regelt:

- Wie viele und welche Hardware und andere Ressourcen vorgehalten werden müssen, um Ausfälle zu überbrücken;
- Wie diese Ressourcen im Katastrophenfall mit welchen Prioritäten eingesetzt werden sollen;
- Wer wie und wann informiert werden muss;
- Inwieweit externe Ressourcen hinzugenommen werden können;
- Wie verlorene Daten wieder hergestellt werden sollen;
- Was bei einem erfolgten Angriff von außen zu tun ist;
- Welche Alternativen für die Aufrechterhaltung der übrigen Prozesse zur Verfügung stehen;
- Wie die Kommunikation im Unternehmen und nach außen abzulaufen hat.

Hinweis

Natürlich ist Ihr Katastrophenkonzept nur so gut, wie Sie sicherstellen, dass es auch funktioniert – und das heißt üben und sich nicht darauf verlassen, dass im Ernstfall alles klappt.

Was nützt beispielsweise das beste Verfahren zum Datenbackup, wenn Sie grade in dem Moment, in dem Sie das erste Mal verloren gegangene Daten wieder zurückspielen müssen, feststellen, dass Ihr Backupgerät seit drei Jahren defekt war und nur leere Bänder produziert hat!

Das Wartungskonzept

Die Wartung des IT-Systems beginnt am ersten Tag, an dem Sie es einsetzen. Unabhängig davon, ob Sie nur über einen Laptop in Ihrem Unternehmen verfügen oder über eine komplexe IT-Struktur mit verteilten Anwendungen, ist die Wartung ein unerlässliches Muss, um die Sicherheit und die Funktion der Unternehmens-IT zu gewährleisten.

Technisch gesehen hat die Wartung u.a. folgende Aufgaben:

- Aufspielen neuester Korrekturen der installierten Software;
- Einspielung der Updates von Programmen, speziell Programmen zur Datensicherheit;
- Kontrolle der einzelnen Komponenten auf Fehler und Sicherheitsmängel;
- Überprüfung der Anlage auf unerlaubte Manipulationen;
- Korrekturen der Konfiguration und der Parametrisierung;
- Sicherstellung der reibungslosen Zusammenarbeit der einzelnen Komponenten nach technischen Eingriffen;
- Reparatur und Austausch von Hardwareelementen;
- Second Level Support der User.

Zudem liegen im Aufgabenbereich der Wartung die administrativen Aufgaben wie die Erweiterung und Fortschreibung der Dokumentation der Anlage.

Hinweis

Wir raten, diese Wartungsarbeiten – besonders im Softwarebereich – von Fachfirmen ausführen zu lassen. Sie werden pro Jahr ca. 15 - 20 % des eingesetzten Softwarewertes dafür budgetieren müssen.

Das Supportkonzept

In dem täglichen Betrieb eines Unternehmens müssen wir klar zwischen den Aufgaben unterscheiden, die mit Hilfe der IT erledigt werden, und solchen, die zur Aufrechterhaltung der IT und ihrer Infrastruktur als Gesamtsystem dienen. Im Support unterscheidet man im Allgemeinen folgende Level:

1. **1st Level Support**: Support für die Benutzer, erfolgt meist durch Superuser oder 1st Level Administratoren

2. **2nd Level Support**: Support für Superuser und 1st Level Administratoren durch technisch versierte Administratoren

3. **3rd Level Support**: Support durch Entwickler bei technischen Probleme der Applikation, erfolgt meist durch den Hersteller der Software

Die wirtschaftliche Nutzung der IT zur Unterstützung der Prozesse wird von den dafür vorgesehenen fachlich geschulten Mitarbeitern wahrgenommen. Das Wissen um die Handhabung der für sie infrage kommenden Hardware und Applikation gehört zu ihrer Fachausbildung. Der Support und die Schulung, soweit sie sich auf die Anwendung im Prozess beziehen, müssen deshalb in der Verantwortung der jeweiligen Prozessleitung liegen. Bereits in einem kleinen oder mittleren Unternehmen kann niemand mehr alle dort eingesetzten Applikationen beherrschen.

Hinweis

Aus diesem Grunde empfehlen wir, für jede Fachanwendung im Unternehmenden den Nutzer zu identifizieren, der über die meiste Erfahrung und das größte Wissen verfügt. Dieser Nutzer erhält den Status eines **Superusers.**

Der Superuser hat in Bezug auf die Applikation zusätzliche Aufgaben und Verantwortungen:

- Persönliche Fort- und Weiterbildung auf der Applikation;

- Primärer Ansprechpartner bei Problemen und Fehlern (First Level Support);

- Vertreter der Anwender in Fragen der Konfiguration und der Parametrisierung;

- Verantwortung für die Weiterführung und das Zur-Verfügung-Stellen der Dokumentation;

- Mitsprache bei der Definition des Ausbildungsbedarfs der anderen Nutzer der Applikation;

- Einweisung neuer Mitarbeiter;

- Ansprechpartner für die IT-Fachbereiche;

- Ansprechpartner des Second Level Supports.

Hinweis

Alle anderen Support- und Unterstützungsaufgaben, bei denen das IT-Wissen und nicht das Fachwissen im Vordergrund steht, sollten unserer Meinung nach von IT-Fachleuten wahrgenommen werden.

Ist Ihr Unternehmen so klein, dass es sich keinen eigenen IT-Fachmann leisten kann, können Sie diese Aufgaben outsourcen. Hier bieten sehr viele qualifizierte und von den Soft- und Hardwareherstellern zertifizierte Unternehmen jeder Größe ihre Dienstleistungen an. Die Zeiten, in denen ein Mitarbeiter, weil er schon zu Hause sehr viel am Computer bastelte, in die Sache hineinwuchs und zum IT-Leiter befördert wurde, sind definitiv vorbei. Stellen Sie daher Ihre Anforderungen an den Support einschließlich der gewünschten Servicelevel schriftlich zusammen und machen Sie diese Anforderungen zur Grundlage Ihres Supportvertrages mit dem externen Dienstleister.

5.4   Zusammenstellung der Komponenten und Systeme der IT-Infrastruktur

In den vorherigen Kapiteln haben Sie sich mit den einzelnen IT-Systemen beschäftigt, die Sie sinnvollerweise zur Unterstützung Ihrer Prozesse brauchen. Auch haben Sie grundlegende organisatorische Prinzipien kennen gelernt, wie Sie das Gesamtsystem aufbauen und betreiben können. Hier wenden wir uns nun den Soft- und Hardwareteilen zu, die Sie als Basisinfrastruktur einsetzen werden, damit die speziellen, die Prozesse unterstützenden Applikationen eine Plattformumgebung erhalten, auf der die Mitarbeiter und Einzelsysteme miteinander kommunizieren können.

Es geht um die Unternehmens-IT als Ganzes und um die grundsätzliche Beziehung der Systemkomponenten untereinander. In diesem Kontext wird auch das Thema der Gestaltung der IT-Arbeitsplätze angesprochen und aus dem Gesamtzusammenhang abgeleitet werden. Sie werden feststellen, dass wenn Sie bei Ihrem Planungsprozess dort bei den einzelnen Arbeitsplätzen angekommen sind, Ihnen viele Personen in Ihrem Unternehmen, die Know-how als Anwender gesammelt haben, mit guten Ratschlägen zur Seite stehen möchten. Wenn es an die Gestaltung der konkreten IT-Arbeitsplätze geht, kommen Wünsche auf.

Aus diesem Grund möchten wir hier einige grundsätzliche Aspekte zur Sprache bringen, die bei der Auswahl von Hard- und Software immer wieder nicht nur sachlich, sondern oft auch emotional aus isolierter Anwendersicht diskutiert werden.

Anschließend werden wir die Anforderungen an die Arbeitsplätze und die diese technisch und arbeitsorganisatorisch verbindenden Systeme im Einzelnen betrachten.

Der PC

Wir sind bei diesem Buch davon ausgegangen, dass Sie als Leser bereits über ein Basiscomputerwissen verfügen, welches Sie sich als privater Anwender oder Nutzer eines Arbeitsplatzes in einem Unternehmen erworben haben. Aus diesem Grunde möchten wir Ihnen hier die Unterschiede zwischen dem Homecomputer, der privaten IT-Welt, und der Unternehmens-IT aufzeigen. Diese beiden Welten liegen in etwa so weit auseinander wie ein Schweizer Taschenmesser und eine gut ausgerüstete Autoreparaturwerkstatt.

Hinweis

Wir sind der Ansicht, dass es nicht immer hilfreich ist, die Erfahrungen und Gewohnheiten, die Sie im privaten Bereich gesammelt und sich angeeignet haben, auf Ihre neue Unternehmens-IT zu übertragen. Auch sollten Sie sich bewusst sein, dass Sie als normaler IT-Nutzer in einem Unternehmen nur die Oberfläche eines Eisberges sehen, dessen entscheidende Teile weit unter Wasser liegen.

Beispielsweise unterscheiden sich die beiden Bereiche in folgenden Aspekten erheblich:

- Sicherheitsanforderungen
- Rechtliche Aspekte der Datennutzung
- Architekturebenen
- Vernetzung
- Arbeitsorganisation

Bei der Planung, beim Aufbau und beim Management der Unternehmens-IT müssen Sie andere Kriterien anwenden und sollten sich folgende Sachverhalte vor Auge führen:

1. Sie arbeiten nicht nur mit Ihren eigenen Daten, sondern mit fremden Daten, für die Sie die Verantwortung übernehmen müssen.

2. Sie dürfen alle die IT betreffenden Entscheidungen nur nach wirtschaftlichen Kriterien treffen.

3. Das saubere und sichere Funktionieren der IT ist im Unternehmen stark mit dessen Existenz und damit auch mit Ihrer beruflichen Laufbahn als Unternehmensgründer und Unternehmensführer verknüpft.

4. Die IT ist im Unternehmen wesentlich stärkeren Dauerbelastungen ausgesetzt als der Homecomputer und muss die Anforderungen der Arbeitsplatzergonomie erfüllen.

5. Die Verfügbarkeit eines Systems von beispielsweise 97% ist im privaten Bereich hervorragend. Im Unternehmen können diese ca. 11 Ausfalltage pro Jahr erhebliche Konsequenzen nach sich ziehen!

6. Im Unternehmen wird ein Rechner für einen bestimmten Arbeitsplatz optimiert, hier ist oft weniger mehr. Im privaten Bereich soll ein Rechner so viel wie möglich können.

7. Sie arbeiten nicht nur auf oder mit Ihrem Computer, sondern meistens ist der Computer das Ein- und Ausgabegerät eines komplex vernetzten IT-Systems, mit dem alle Bereiche des Unternehmens verbunden sind. Die Regeln in diesem System sind für Sie als Nutzer maßgebend.

8. Sie müssen im Unternehmen im Team mit anderen zusammenarbeiten und Ihre Daten mitteilen. Damit sind Anforderungen an eine verbindliche Ordnung verknüpft.

9. Sie müssen, je nach Art und Umfang des IT Einsatzes, eine ganze Anzahl von gesetzlichen Vorschriften einhalten, an die Sie als Privatmann nicht einmal im Traum denken würden.

Hinweis

Aus diesen Gründen bitten wir Sie, immer sehr vorsichtig damit zu sein, Wissen, Erfahrung oder noch so gut gemeinte Ratschläge aus der privaten Anwender-IT auf Ihren Aufbau der Unternehmens-IT zu übertragen oder „Freaks", „PC-Kids" oder Werkstudenten ohne Fachaufsicht alleine entscheiden zu lassen.

Das Betriebssystem

Jede Hardware, ob Telefon, Handy, PC oder Server, welche selbständig irgendwelche Daten verarbeiten soll, braucht neben einem Prozessor, der dies erledigt, eine Software, welche dem Gerät sagt, wie es sich verhalten soll und wie der Betrieb in diesem Gerät ablaufen soll. Diese Applikation, die

- die Übersetzungsfunktion zwischen der Hardware und den einzelnen Anwendungen gewährleistet,

- alle an den Rechner angeschlossenen oder eingebauten Geräte steuert und

- eine für den Nutzer einheitliche Bedienungsoberfläche zur Verfügung stellt,

bezeichnen wir allgemein als Betriebssystem.

Das Betriebssystem stellt Weichen

In vielen Fällen, beispielsweise bei Handys oder PDAs (Personal Digital Assistant = Palmtop Computer), liefern die Hardwareanbieter dieses direkt mit aus. In andern Fällen, gerade bei Computern, stehen mehre Betriebssysteme zur Wahl. Applikationssoftware, zum Beispiel Buchhaltungsprogramme oder Büroanwendungen, sind immer für ein bestimmtes Betriebssystem geschrieben. Somit entscheiden Sie sich mit der Wahl des Betriebssystems auch für die Welt, aus der Sie ihre Anwendungssoftware beschaffen müssen.

Es stehen Ihnen für den Bereich der persönlichen Arbeitsrechner, von Ausnahmen abgesehen, folgende Welten zur Auswahl:

Microsoft Windows, Linux und Apple OS für persönliche Arbeitsplatzcomputer und Server. Weitere Betriebssysteme sind auch für Groß- oder Spezialrechner geeignet.

Apple

Das **Apple**-Betriebssystem ist vielen Anwendern aus dem privaten Bereich bekannt. Früher war dieses System stark in grafischen Unternehmen vertreten. Dieses System kann nur auf Geräten, die von Apple vertrieben werden, eingesetzt werden. Die Softwareauswahl ist beschränkt. Im Endgerätebereich schätzt man den Marktanteil auf unter 10 %, wobei es meistens Privatanwender sind, die sich für dieses System entscheiden.

Linux

Linux wurde aus dem für Großrechner konzipierten Betriebssystem Unix entwickelt und gehört zu den so genannten **Open Source**-Programmen, die Sie kostenlos nutzen können. Sie können sich ein komplettes Betriebssystem inklusive einer Reihe von Büroanwendungen **frei aus dem Internet** herunterladen und auf jedem normalen PC installieren. Da der Programmcode ebenfalls jedermann zur Verfügung steht, können Fachleute das System schnell und beliebig ändern und anpassen. Weil Linux so veränderbar ist, verwenden es manche Unternehmen in den Bereichen, die dem IT-Fachmann vorbehalten sind, etwa zum Betrieb von Applikations- und Datenservern. Hier wird die **Flexibilität und Sicherheit** gegenüber Angriffen von außen sehr geschätzt. Auf der anderen Seite ist der unbedarfte Arbeitsplatznutzer, es sei denn er braucht nur einige wenige Funktionen, schnell überfordert, da die **Nutzerergonomie im Hintergrund** steht. Der Marktanteil von Linux im privaten Bereich ist unbekannt, dürfte aber beschränkt sein auf versierte Privatanwender. Ebenso wird es selten bei Endanwendern im Unternehmen eingesetzt. Eine größere Verbreitung finden wir hingegen im Einsatz auf Servern, besonders wenn sie mit dem Internet verbunden sind. So setzt beispielsweise das Suchmaschinenunternehmen Google ausschließlich Linux für seine Produktivsysteme ein.

Viele behaupten, dass der besondere Vorteil von Linux und Apple gegenüber Windows darin liege, dass diese Systeme eine höhere Sicherheit gegenüber Angriffen aus dem Netz bieten – dies wäre ein nicht zu unterschätzender Vorteil. Doch die theoretisch mögliche technische Sicherheit hilft Ihnen als Unternehmer in der Praxis nicht weiter, insbesondere weil hier zwei technische „Glaubensrichtungen" mit der MS-Welt und der open source Philosophie aufeinander treffen, bei denen sich selbst IT-Experten nicht einig sind.

Windows

Das Microsoft **Windows** Betriebssystem ist dank der Ergonomie für den Endanwender und der Wartbarkeit im Unternehmen das am weitesten verbreitete. Dadurch ist es zu einem **Quasistandard für Büroanwendungen** geworden. Auch wenn Sie die Lizenzen nicht geschenkt bekommen und Sie sogar zusätzlichen Aufwand für die Sicherung ihres Systems betreiben müssen, so wiegen die Vorteile durch die weite Verbreitung (eingesparter Schulungsaufwand bei Mitarbeitern), die Flexibilität im Gebrauch (maximale Vielfalt der Optionen bei der Auswahl der Software) und die bewährte Massenadministrierbarkeit (gleichzeitige Fernwartung aller Endanwenderplätze) manches wieder auf.

Nach welchen Kriterien entscheiden?

Besonders im privaten Bereich wird die Frage des besten Systems oft heiß diskutiert. Bei Ihren Entscheidungen sollten Sie sich nur von den Überlegungen der TCO leiten lassen, und da wiegen meistens Argumente wie einfache **systematische Wartbarkeit**, breite Wissensbasis auf dem Personalmarkt, preiswertere Geräte, größere Softwareauswahl usw. viel stärker als schönes Design oder offener Programmcode für jedermann.

Es kann durchaus sein, dass Sie in den Bereichen ihres Unternehmens, wo fachlich geschulte IT-Spezialisten Server und andere Infrastruktursysteme betreuen, teilweise ein anderes Betriebssystem einsetzen als auf den Endgeräten.

Hinweis

Nie sollten Sie jedoch der Versuchung erliegen, die Masse der Anwender in ihrem Unternehmen mit zwei verschiedenen Betriebssystemwelten auszustatten. Nur bei Servern können Sie ggf. andere Betriebssysteme einsetzen als bei Ihren Clients.

Hier handeln Sie sich nicht nur unweigerlich **Interoperabilitäts-** und **Kompatibilitätsprobleme** ein, sondern Sie müssen auch noch für beide Welten Support und Schulung bereithalten und können Ihre Mitarbeiter nicht mehr flexibel über die Systeme hinweg einsetzen. Sie können davon ausgehen, dass Sie im Sinne der TCO wahrscheinlich eine schlechte Wahl getroffen haben.

Hinweis

Selbst wenn Sie zwar die gleichen Betriebssysteme, aber verschieden alte Releases (=Auflagen) davon einsetzten, kann es zu Kompatibilitätsproblemen kommen. Dies gilt übrigens nicht nur für Betriebssysteme, sondern für die gesamte in Ihrem Unternehmen eingesetzte Software.

Die Kosten, die durch den Zeitverlust im Unternehmen entstehen, wenn beispielsweise die eine Hälfte Ihrer Mitarbeiter mit der neueren Softwareversion nun neue Schrifttypen einsetzt, die bei den andern mit der alten Version zu Formatierungsproblemen führen, sind wahrscheinlich höher als die Kosten für den Upgrade auf die neuere Version bei allen Ihren Mitarbeitern.

Feste Arbeitsplätze und mobile Arbeitsplätze

Noch vor ein paar Jahren diskutierte man die Frage der „zentralen versus dezentralen IT". Heute haben wir gelernt, dass wir die Frage gar nicht pauschal zu beantworten brauchen, sondern es immer darauf ankommt, was für den jeweiligen Prozess die beste und wirtschaftlichste Lösung ist.

Der Prozess entscheidet

Die IT erlaubt uns längst, zentrale oder dezentrale Architekturen zu vermischen.

Die übliche Verbindung zwischen der Welt der Systeme und der des Anwenders ist der PC, der je nach Bedarf als Terminal oder Thin Client, als Fat Client und als voller Arbeitsplatzrechner gebraucht werden kann. Eine ähnliche Entwicklung sehen wir, wenn wir das Thema der festen und flexiblen IT-Arbeitsplätze unter die Lupe nehmen. Auch hier beginnen die Grenzen zu verschwimmen. Während wir noch vor wenigen Jahren fest angeschlossene Computer auch mit festen Arbeitsplätzen gleichsetzten und bei mobilen Arbeitsplätzen immer einen mobilen Computer oder Laptop verlangten, bilden sich nun neue Strukturen heraus.

Arbeitsplätze im Wandel

Wir können es durchaus als eine mögliche Alternative ansehen, dem Mitarbeiter keinen definierten Arbeitsplatzcomputer mehr zuzuweisen, sondern ihm die Nutzung von beliebigen festen Endgeräten im Unternehmen, zu Hause oder unterwegs freizustellen. Seine persönliche Konfiguration, Applikationen und Daten führt er dann beispielsweise jeweils auf einem U3-kompatiblen Datenstick mit oder er identifiziert sich bei einem Server, der irgendwo im Unternehmen oder auf der Welt stehen kann und ihm seine persönliche Umgebung, seine Applikationen und seinen Daten zur Verfügung stellt.

5.5   Persönliche und nichtpersönliche Systeme und Applikationen

Unter einem persönlichen System verstehen wir hier Applikationen, die der Mitarbeiter an seinem persönlichen Arbeitsplatz so gebrauchen kann, wie es – unter Beachtung der allgemeinen IT-Richtlinien des Unternehmens – seinen eigenen Vorstellungen von Zweckmäßigkeit entspricht. Er kann sie brauchen oder nicht gebrauchen und sie im Rahmen der Vorgaben so parametrisieren (= einstellen), dass Sie seinen Bedürfnissen und Ergonomieanforderungen entsprechen (Tabelle 5).

Als nichtpersönliche Systeme möchten wir alle die Systeme verstehen,

- über die der einzelne Anwender keine Hoheit besitzt, sondern sie lediglich zusammen mit anderen nutzt (beispielsweise eine gemeinsame Datenbank und Groupwaresysteme) oder

- Systeme, die von einer Drittperson, einem Administrator, betreut werden, ohne dass diese selber Nutzer des Systems ist (bspw. Transaktionssysteme), oder

- Systeme, die von Fachpersonen zur Aufrechterhaltung der Infrastruktur und zur Verbindung, Betreuung und Administration anderer Systeme eingesetzt werden (bspw. Router, EAI-Systeme, Administratorenwerkzeuge).

Systeme		Beispiel
persönliche Systeme	Betriebssystem	MS Office, Mac OS, Linux
	Office-Anwendungen	Schreibprogramme, Tabellenkalkulation
	E-Mail-Clients	Persönliche Termin- und Adressverwaltungen
	Sicherheitssoftware	Antiviren-, Antispyprogramme
nichtpersönliche Systeme	Datenbanksysteme	Archivsysteme, Wissensdatenbank-Applikationen
	Groupware	gemeinsame Kalender, Adressdatenbanken, einfache CRM-Systeme
	Transaktionssystem	ERP-Systeme
	Hintergrundsystem	EAI-Systeme, zentrale Backupsysteme
	Netzwerksysteme	Router
	Administratorensysteme	System zur Netzwerküberwachung, zur Verwaltung von Zugriffsrechten

Tabelle 5: persönliche und nichtpersönliche Systeme

5.5.1   Persönliche Systeme und Applikationen

Persönliche Systeme und Applikationen brauchen Sie und Ihre Mitarbeiter in der Regel, um ihre Kommunikation im Betrieb aufrechtzuerhalten, und zum Lesen, Erstellen und Verändern von Dokumenten, die dann in irgendeiner Form, beispielsweise als Präsentation oder Bericht, anderen im Unternehmen zugänglich gemacht werden können.

Ein persönliches System ist nicht identisch mit einem eigenen PC. Mitarbeiter, die räumlich zusammenarbeiten und nur sporadisch in Prozesse mit IT-Unterstützung eingebunden sind, können sich auch ein Arbeitsplatzgerät teilen. Dieses Gerät muss dann in mehrere virtuelle Geräte aufgeteilt werden.

Hinweis

Arbeitsplatzgeräte, die sich mehrere Nutzer teilen, sollten immer so konfiguriert sein, dass der Mitarbeiter sich mit seinem eigenen Passwort anmeldet muss und sich in seiner eigenen persönlichen virtuellen Arbeitsumgebung wieder findet.

Zu den gängigen persönlichen Systemen und Applikationen können beispielsweise gehören:

- Betriebssystem
- Zusatz- und Hilfsapplikationen zum Betriebssystem
- Integrierte Office-Pakete (z.B. MS Office, Open Office, Corel Word Perfect Suite)
- Textverarbeitung (z.B. Word)
- Tabellenkalkulation (z.B. Excel)
- Präsentation (z.B. Powerpoint)
- Datenbank (z.B. Access, Filemaker, Excel)
- Grafik-Erstellung (z.B. Excel, Powerpoint)
- PDF-Erstellung (z.B. Acrobat)
- E-Mailbearbeitung (z.B. Outlook, Thunderbird, Eudora, Lotus Notes)
- Adressverwaltung (oft in Mailprogrammen enthalten)
- Kalender (oft in Mailprogrammen enthalten)
- Bildbearbeitung (z.B. Photoshop, Corel Draw)
- Projektmanagement (z.B. MS-Project)
- Technische / organisatorische Diagramme (z.B. Visio)
- Mind Mapping (z.B. Minjet)
- Desktop Publishing (z.B. Publisher)
- Antiviren- / Antispyware- /Antispamprogramm / Firewall
- Internet Browser (z.B. Firefox)
- Zusatzapplikationen zum Internet Browser
- DVD/CD brennen (z.B. Nero)
- Notizbuch (z.B. MS Notes)
- Nachschlagewerke (z.B. Telefonbücher usw.)
- Synchronisation mit PDA/Handy

- Branchenspezifische Software

Hinweis

Außer einem Betriebssystem müssen Sie in den meisten Fällen bei weitem nicht alle diese Applikationen an jedem Arbeitsplatz installieren. Jede Lizenz kostet. Sie werden sehen, dass häufig eine Mailanbindung und ein einfaches Office-System mit Textverarbeitung und Tabellenkalkulation ausreichen werden.

Sparpotentiale

Wenn Sie nur hin und wieder eine kleine Datenbankanwendung brauchen, sollten Sie sich überlegen, ob nicht die Tabellekalkulationssoftware, die in der Regel auch für kleine Business-Grafiken herhalten kann, für Sie genügt. Müssen Sie keine Projekte bearbeiten, sondern nur die Projektpläne von andern Kollegen lesen, so können sie sich die kostenlos erhältliche Nur-Lesesoftware zu diesem Programm beschaffen. Das Gleiche gilt für Mind Maps, Powerpointgrafiken und PDF-Dateien.

Bei der Ausrüstung Ihrer Mitarbeiter mit persönlichen Systemen und Applikationen sollten Sie nicht nur die Lizenzkosten vor Augen haben oder aus Sparsamkeitsgründen nur die nötigsten Pakete maßgeschneidert für jeden Arbeitplatz auswählen.

Falsches Sparen

Sie sollten vielmehr nach einem Optimum zwischen Investition und leichter Wartbarkeit suchen. Es hat sich bewährt, **wenige Kategorien von Standardarbeitsplätzen** zu bilden. So sparen Sie sich endlose Diskussionen, wer was wie braucht, halten einen leichteren Überblick über das, was in Ihrem Unternehmen installiert ist, können die Mitarbeiter flexibler an diversen Arbeitsplätzen einsetzen. Darüber hinaus minimieren Sie mit Standards wie MS Office-Anwendungen im Bürobereich die Schulungskosten für Ihre Mitarbeiter.

Hinweis

Sie sparen erhebliche Kosten bei der Wartung, Pflege und dem Support, wenn alle im Unternehmen eingesetzten Arbeitsplatzrechner gleich konfiguriert sind.

Immer sollten Sie aber darauf achten, für eine Anwendung einheitlich die gleiche Applikation unternehmensweit einzusetzen, und Sie sollten es unbedingt vermeiden, verschiedene Versionen von einer Applikation gleichzeitig im Unternehmen zu verwenden. Hier wächst der Koordinations- und Wartungsaufwand unnötig und übersteigt schnell die eingesparten Lizenzkosten.

5.5.2   ## Nichtpersönliche Systeme und Applikationen

Bei den nichtpersönlichen Systemen im Unternehmen unterscheiden wir zwischen

- zentralen oder verteilten Datenbanksystemen,
- Groupware- Systemen,
- Transaktionssystemen,
- Hintergrund- und Administratorensystemen.

Charakteristisch für alle drei Klassen ist, dass der einzelne Anwender selbst **keine persönliche Hoheit** mehr über das System hat, sondern dass irgendwo im Unternehmen (oft auch irgendwo im Internet) ein Server installiert ist, der für mehrere Mitarbeiter Daten oder Applikationen bereithält. Auf diese Server können die Mitarbeiter dann **gleichzeitig** zugreifen, um entweder projektorientiert zusammenzuarbeiten oder gemeinsam einen oder mehrere Prozesse zu verwalten und zu steuern. Die Anwender sind hier entweder in der Rolle des Nutzers einer Dienstleistung oder aktive **Teilnehmer einer Community**.

Die Verantwortung für den Server liegt meistens fachlich bei dem Verantwortlichen des Prozesses, der unterstützt werden soll, und technisch bei dem IT-Verantwortlichen.

Hinweis   Gemeinsam für alle nichtpersönlichen Systeme ist immer, dass es für die Nutzung ein Regelwerk geben muss, an das sich alle Beteiligten zu halten haben.

In den meisten Fällen wird dies durch eine spezielle Software überwacht und gesteuert.

Zentrale oder verteilte Datenbanksysteme

Gemeinsame La-
gerstätten für Da-
ten   Diese Systeme können wir sehr häufig in Unternehmen antreffen. Es handelt sich um einfache **Lagerstätten** von Informationen, die von mehren Mitarbeitern oder anderen Systemen angesprochen werden können. Beispielhaft sollen hier gängige Einsatzbereiche erwähnt werden.

Mitarbeitern wird ein Teil eines **Festplattenspeichers** auf einem Server im Unternehmensnetz zugesprochen. Diese können ihn als **zusätzliche Ablage** nutzen oder dort auch Dokumente oder Ordner anderen oder allen Mitarbeitern zur Verfügung stellen, indem sie diese freigeben. Die Vergabe der Zugriffsrechte auf diese Dokumente liegt im Einzelnen dann beim Mitarbeiter selbst.

Data Marts oder **Data Warehouses** stellen eine andere häufige Art einer Datenbank im Unternehmen dar. Auf diesen Servern werden alle Prozessinformationen aus dem Unternehmen gesammelt und zu **Analyse-, Unternehmenssteuerungs- und Statistikzwecken** gelagert und aufbereitet. Die berechtigten Mitarbeiter und Systeme können dann Informationen abrufen oder neue einstellen. Diese Systeme verfügen häufig über spezielle Analyse- und Darstellungswerkzeuge oder akzeptieren gängige Datenbankabfragesprachen.

Wissensmanagementsysteme im Unternehmen ermöglichen die Sammlung von darstellbaren Erfahrungen und Wissen über Prozesse und deren Durchführung. Sie dienen dazu, das gemeinsame Wissen der am Prozess Beteiligten zu speichern und wiederzugeben. Die **Organisation der Daten folgt dem Ablauf des jeweiligen Prozesses**. Die Eingabe der Informationen erfolgt durch die Prozessbeteiligten, die Verantwortung trägt der Prozessbesitzer.

Groupware-Systeme

Diese Systeme dienen dazu, die (Office-) Zusammenarbeit von mehreren Mitarbeitern zu erleichtern, und stellen eine Art „**Arbeitskoordinationssoftware**" dar. Sie eignen sich auch besonders dazu, die Mitarbeiter mit Home-, Remote- und sonst verstreuten Arbeitplätzen zusammenzubinden. Vertreter dieser Applikationen im Markt sind hauptsächlich:

- Microsoft Exchange / Outlook
- Novell Groupwise
- Lotus Notes / Domino

Zählen wir CRM-Systeme, die diese Aufgaben im Bereich Kundenmanagement oft miterfüllen, hinzu, dann müssen wir als speziellen Vertreter noch salesforce.com erwähnen, welches vollständig im Internet als „**Software on Demand**" – also gegen mengen- oder zeitabhängige Nutzungsgebühr angeboten wird.

Zusammenarbeit mit persönlichen Systemen

Diese Systeme greifen häufig auf persönliche Systeme auf dem PC des Nutzers zu und arbeiten mit ihnen zusammen. Der Einsatz dieser Systeme findet in der Regel in den folgenden Aufgabenbereichen statt:

- Gemeinsame Terminplanung und Verwaltung von Mitarbeitern sowie Verwaltung von gemeinsam genutzten Geräten und Räumen

- Aufgabenplanung und Aufgabendelegation

- Kommunikation mit Mail, Diskussionsforen, RSS-Feeds, Messaging

- Entscheidungsfindung, Freigabe- und Abstimmungsprozesse

- Dokument-Workflow-Prozesse

- Koordination gemeinsamer Adressverzeichnisse, Dokumentdatenbanken und Vorlagenmanagement

Datenreplikation   Diese Systeme tragen häufig der Gegebenheit Rechnung, dass manche Mitarbeiter unterwegs nicht immer permanenten Zugang zu dem gemeinsamen Server haben und halten darum einen **Replikationsmechanismus** vor, mit dem die relevanten Daten auf dem PC des Mitarbeiters mit den Daten des Servers über das Internet abgeglichen werden können und dann gewollt redundant auf dem Server und auf dem Mitarbeiter-PC gehalten werden.

Transaktionssysteme

Bei den in den vorausgegangenen Abschnitten diskutierten Systemen handelt es sich um Applikation, die den Mitarbeitern den Büroalltag erleichtern sollen. Die Hoheit über diese Anwendungen liegt bei dem einzelnen User oder einer Gruppe von Usern, die damit Dokumente, Datensätze und Nachrichten aller Art und Formen erstellen, lagern und unter sich austauschen. Die Zeitpunkte, die Reihenfolge, die Art und die Verknüpfung der Tätigkeiten bestimmen die Mitarbeiter im weitesten ad hoc und nach den gerade aktuellen Erfordernissen.

Transaktionssysteme sind Dialogsysteme   Transaktionssysteme – im Unternehmen sind ERP-Systeme die klassischen Vertreter dieser Systeme – basieren auf einem ganz anderen Prinzip: Hier herrschen von den Unternehmensprozessen herrührende starre Regeln, die in diesen Applikationen abgebildet sind. Sie bestimmen,

- welche Daten sich das System beschaffen muss,

- wie es diese Daten verändern darf,

- wo es diese Daten hinbringen muss,

- von wem das System welche Art der Anweisungen erhalten darf,

- welche anderen Applikationen durch das System angestoßen werden müssen,

- auf welche Ergebnisse von anderen Applikationen oder Bildschirmeingaben der User erst warten muss, um in seinen Berechnungen fortfahren zu können,

- welche Bildschirme und Ein- und Ausgabemasken den Mitarbeitern angeboten werden müssen,

- wie die Protokollierung des Prozesses auszusehen hat,

- ob eine Operation abgebrochen wird und der ursprüngliche Zustand vor der Bearbeitung wieder hergestellt werden muss.

Die Anwender erstellen mit dem Transaktionssystem keine Dokumente, sondern führen über ihren Client einen **Dialog** mit dem System.

Simultane Nutzung im Unternehmen

Durch eine ausgeklügelte Zugriffslogik und die Fähigkeit, mehrere Rechnerintelligenzen simultan zu benutzen, ermöglicht das System allen Benutzern gleichzeitig mit ihm zu arbeiten. Dies kann das System nur ermöglichen, wenn

- **alle Daten im System eindeutig sind,**

- **es alle Zustände vor und nach einer Bearbeitung protokolliert und**

- **es nach dem „Alles-oder-nichts"-Prinzip funktioniert.**

Tritt ein Fehler oder eine Verhinderung auf, kann das System selbständig alles wieder rückgängig machen und den ursprünglichen Zustand wieder herstellen.

Wenn heute auch ein ERP-System meistens eine Standardsoftwarelösung ist, so muss es doch **umfangreich konfiguriert** werden, damit es auf Ihre Abläufe passt. Wenn die Festplatte mit Ihrem MS-Word für immer ausfällt, dann können Sie selber in einer halben Stunde das System wieder auf einen anderen Rechner aufspielen und neu konfigurieren. Auf Grund der Komplexität brauchen Sie bei einem ERP-System für die Konfiguration und Parametrisierung externe Berater und eine größere Projektorganisation, um es operativ nutzen zu können.

*Hohe Anforde-
rungen an die
Datensicherheit*

Es genügt bei einem Transaktionssystem in keinem Fall, wenn Sie nur die Gebrauchsdaten sichern, sondern Sie müssen das komplette konfigurierte System auf einem anderen Rechner spiegeln und für den Notfall bereithalten. Wir werden in einem späteren Kapitel, wo wir die Einführung einer Standartsoftware beschreiben, noch auf weitere Details eingehen und hier nur kurz Fragen der Architektur ansprechen, soweit sie die Infrastrukturplanung betreffen.

Grundsätzlich ist es heute möglich, ein kleines ERP-System mit nur wenigen Modulen zur Unterstützung der wichtigsten Prozesse auf einem einzigen Server zu installieren, mit dem beispielsweise fünf Mitarbeiter in Dialog treten.

Hinweis

Hier wird die Rechnung in Ihrem Businessplan, dass Sie eine Softwarelizenz und einen Server brauchen, nicht aufgehen. Es wird Sie wesentlich mehr kosten. Erkundigen Sie sich vorher genau bei Ihren Anbietern. Jeder Anbieter hat unterschiedliche Preismodelle.

Als Faustregel brauchen Sie in diesem Beispiel:

- Eine Userlizenz für jeden Nutzer, der mit dem System in Dialog treten will, in unserm Fall also fünf

- Drei Softwarelizenzen für die Applikation selbst:
  o Eine für das System, auf dem Sie gewöhnlich arbeiten
  o Eine für das identische Backupsystem, das sofort anspringt, wenn das operative System nicht mehr funktionieren sollte (In der Implementierungsphase dient dieses System zur Entwicklung)
  o Eine Testlizenz, mit der Sie alle Veränderungen in der Konfiguration testen, bevor Sie sie in das operative System einspeisen

- Drei Lizenzen von professionellen Datenbanksystemen analog zu diesen Applikationslizenzen

- Software für das Netz um die Arbeitsplätze mit dem Applikationsserver zu verbinden (falls bisher noch kein Netzwerk vorhanden war)

- Software für die permanente Spiegelung der Daten zwischen operativem und Backupsystem

- Fünf Terminals oder Thin Clients, falls noch keine PCs vorhanden sind

- Einen operativen Server, einen Backupserver
- Hardware für das Netzwerk (wenn nicht schon vorhanden)

Hinzu kommen:

- x % der Zeit eines IT-Verantwortlichen im Unternehmen
- Die Kosten eines Wartungsvertrages (ca. 15 - 20 % der Softwarelizenz)
- Kosten für externe Berater, mit denen Sie Ihre Prozesse auf die jeweilige Software abstimmen
- Kosten für die Konfiguration und Einrichtung des Systems durch Spezialisten
- Eigener Arbeitaufwand Ihrer Mitarbeiter, des Projektleiters und Ihre Zeit als Auftraggeber (man rechnet Beraterzeit * 2)
- Schulungsaufwand

Sie sehen, dass Sie, wenn Sie sich für ein Transaktionssystem entscheiden, schon zu Begin mit erheblichen Aufwendungen zu rechnen haben. Die Planung sollte darum entsprechend gründlich erfolgen und immer zuerst eine genaue Analyse der Prozesse mit ihren Mengengerüsten beinhalten.

Hintergrundsysteme

Die Systeme im Hintergrund, die wir noch nicht besprochen haben, sind streng genommen zu einem großen Teil eigentlich die Systeme dazwischen (die Software wird auch Middleware genannt), von denen der Anwender in der Regel nichts merkt. Diese tragen aber erheblich zu seinem Komfort und zum Funktionieren des Ganzen bei.

Hierzu gehören an vorderster Stelle

- **Netzwerksysteme,**
- **Administratorensysteme,**
- **EAI-Plattformen,**

um hier nur einige zu nennen.

Unter dem Begriff EAI-Plattformen wollen wir alle die Systeme zusammenfassen, die dazu dienen, verschiedene andere Systeme, die verschiedene Sprachen sprechen und aus verschiedenen Welten stammen, zu verbinden.

Selbst wenn Sie nicht eine bestehende IT-Landschaft übernehmen und erweiterten müssen, sondern Ihre IT auf der grünen Wiese planen können, stoßen sie immer wieder an Grenzen, wo zwei oder mehrere Spezialsysteme zu einem verbunden werden müssen. Wenn die Spezialsysteme aus verschiedenen Welten stammen und mehr verrichten müssen, als nur Daten auszutauschen, sondern interaktiv zusammenarbeiten müssen, dann leisten **EAI-Systeme (EAI = Enterprise Application Integration)** gute Dienste.

Beispiel

Sie haben ein altes Spezialsystem übernehmen müssen, das sich bei der Abwicklung des Zahlungsverkehrs bewährt hat. Gleichzeitig ist eine modere ERP-Lösung im Einsatz. Die Ablösung des Spezialsystems und die Migration auf die ERP-Plattform wäre aber viel zu teuer oder, was häufig auch der Fall ist, wegen verloren gegangenem Wissen über das Altsystem sehr riskant. Trotzdem möchten Sie die Systeme integrieren und den Anwendern auf ihren Bildschirmen Informationen aus beiden Systemen in der gleichen Maske zur Verfügung stellen. Ein EAI-System übernimmt nun im Hintergrund alle Aufgaben, die anfallen, um die Zusammenarbeit der Systeme zu ermöglichen wie Übersetzung zwischen den Welten, möglicherweise Zwischenspeicherung von Daten, Bereitstellung von Zusatzapplikationen, Umformung von Daten, Workflow-Steuerungen und vieles mehr.

Netzwerksysteme

Netzwerke sichern die Kommunikation der Systeme und Mitarbeiter untereinander und schaffen die Verbindung zur Außenwelt. Sie stellen das Verkehrsystem Ihrer Informationen dar und weisen auch alle Problematiken auf, die wir von unseren Straßen kennen. Im Rahmen der Diskussion des Netzwerkkonzeptes sind wir schon auf einige Aspekte eingegangen.

Wenn Sie nur über ein **DSL/ADSL Modem** zum Internet verfügen und über eine **Weiche (Router)** wenige PCs angeschlossen haben, merken Sie noch nicht viel von der Verkehrsproblematik in Datennetzen, da alles, was Sie brauchen, in den Komponenten PC, Modem und Router standardmäßig und im ausreichenden Umfang mitgeliefert wird.

Hinweis

Steigt die Zahl der gewünschten Verbindungen und wird das Verkehrsaufkommen größer, verlangt das Netzwerk nach einer eigenen Architekturplanung, die insbesondere Sicherheits- und Kapazitätsanforderungen zu berücksichtigen hat.

Kern des Netzwerksystems bildet ein Netzwerkserver, der auf der einen Seite die Kommunikation nach innen im Unternehmen regelt und auf der anderen Seite die Verbindungen zu anderen Netzen aufrechterhält, beispielsweise über ein Internetmodem, Web- oder Mailserver zum Internet oder ein Telefonmodem zum Telefonprovider (Abbildung 19).

Das Internet stellt in diesem Zusammenhang einen Sammelbegriff dar, da über dieses Medium auf die verschiedensten Netzwerke zugegriffen werden kann und dadurch auch bald das Telefonmoden überflüssig wird (Stichwort: VoIP = Voice over Internet Protocol).

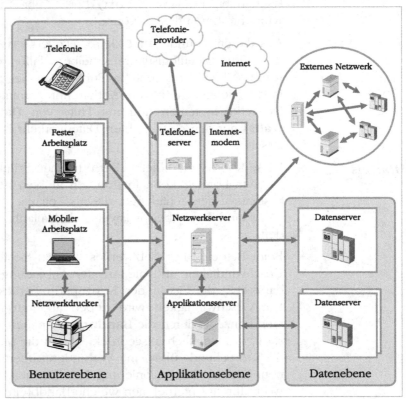

Abbildung 19: Beispiel eines Unternehmensnetzwerkes

Abhängig davon, welche Daten aus welcher Art Netzwerk über den Netzwerkserver in das Unternehmen hineinfließen oder aus dem Unternehmen herausfließen, kommen unterschiedliche **Pro-**

tokolle (Sprachen) zur Anwendung, die der Server an die Nutzer oder andere Systeme im Unternehmen weiterleitet.

Zum Beispiel wird der E-Mail-Verkehr über eine andere „Sprache" abgewickelt als der Verkehr mit einer Internetsite oder die Übertragung einer Internetkonferenz usw.

Hinweis

Auf der Anwenderseite ist sicherzustellen, dass dort geeignete Software vorhanden ist, um dieses Protokoll zu lesen und zu erzeugen.

Hier in dem Beispiel brauchen wir ein Mailprogramm, einen Internetbrowser und eine Software, die Sprachübertragung und Videostreaming zulässt.

Hinweis

Für jedes dieser Protokolle hält der Netzwerkserver softwaremäßig ein eigenes **Tor (=Port)** bereit, über das auch nicht erwünschte Daten fließen können.

Aus diesem Grunde sollte dem Netzwerkserver nur die Aufgabe als interne Datenlogistikdrehscheibe zufallen. Geeignete **Vorsysteme** sollten dann zentrale Funktionen der Sicherheit erfüllen, indem sie mit Hilfe von Antivirenprogrammen etc., Intrusion-Dedection-Systemen und mit Hilfe von **Datensperren (Firewalls)** nur den gewünschten Datenverkehr in das Unternehmen lassen.

Hinweis

Diese Konstellation bietet aber nur einen Schutz gegenüber unerlaubtem Datenverkehr. Im Inneren müssen darum weiterhin die Systeme gegen Schädlinge, die als Teil des erlaubten Datenverkehrs eindringen (beispielsweise als Mailanhang), geschützt werden.

Beim Betrieb eines Netzwerkes werden Sie feststellen, dass die Geschwindigkeit und die Art der Anbindung wichtige Themen darstellen, die Sie in der Konzeption berücksichtigen müssen. Die Geschwindigkeit wird neben anderen Faktoren (s. Netzwerkkonzept) durch die **Bandbreite** limitiert, die zur Verfügung steht, oder, einfach ausgedrückt, durch die Menge der Megabits, die pro Sekunde über eine Verbindung übertragen werden können. Welche Dimensionierung hier für Sie das Richtige ist und wo in Ihrem Unternehmen welche Bandbreite gebraucht wird, ist sehr individuell, kann aber von einem Fachmann errechnet werden.

Eine weitere Entscheidung, mit der Sie konfrontiert werden, ist die Wahl der Art des Transportmediums, mit der Sie Ihre Endgeräte anschließen wollen. Sie haben grundsätzlich drei Möglichkeiten:

- **Netzwerkverkabelung**
- **Funkverbindung (WLAN)**
- **Modulation über die Stromleitung**

Hinweis

Je nach Sicherheitsanforderungen, Raumsituation und Gebäude-einfluss werden Sie einer Variante oder einer Kombination den Vorzug geben müssen. Die Investitionen können je nach Lösung erhebliche Unterschiede aufweisen und sollten vorher unter die Lupe genommen werden.

Sitzen Sie und Ihre Mitarbeiter alle in einem Zimmer, ist eine Verkabelung sicher, stabil, preisgünstig und schnell. Ist dies nicht der Fall, müssen Sie abwägen.

Kabel bieten Ihnen Sicherheit gegen Eindringlinge und eine hohe Bandbreite, aber es wird Ihr Budget belasten, wenn Sie Ihren ganzen Betrieb neu verkabeln müssen.

Funkverbindungen sind möglicherweise erheblich preiswerter, bieten aber nicht unbedingt die gleiche Bandbreite, sind je nach Gebäudetopografie instabil und müssen gegen Eindringlinge speziell geschützt werden.

Ein Kompromiss für Unternehmen in kleineren zusammenhängenden Lokalitäten stellt die Möglichkeit dar, das Netzwerksignal auf die Stromleitungen aufzumodellieren. Hierzu sind pro Anschluss kleine Modems erforderlich, die dann in die Steckdose des Stromnetzes gesteckt werden. Die Qualität und die Durchführbarkeit dieser Lösung hängen sehr stark mit der Elektroinstallation in Ihrem Gebäude zusammen, was im Einzelfall geprüft werden muss.

Administratorensysteme

Administratorensysteme dienen der Überwachung, der Steuerung, der Optimierung und der Wartung der Unternehmens-IT. Ihr Einsatz hängt sehr stark von der Komplexität und der Größe des gesamten Systems ab und sie gehören nur in die Hand von professionellen IT-Mitarbeitern.

5.6   Vorgehensrahmen bei der Auswahl der Systeme und Komponenten

Sie werden sich in der Zwischenzeit ein Bild davon gemacht haben, welche Systeme und welche Infrastruktur Sie wahrscheinlich für Ihr neues Unternehmen benötigen.

Was Sie noch nicht wissen ist,

- in welchem **Umfang** Sie IT-Systeme und Infrastruktur für Ihr Unternehmen bereitstellen müssen,

- wie diese Systeme im Einzelnen **dimensioniert** sein sollen und

- wie groß der in Ihrem **Businessplan einzustellende Betrag** sein wird.

Eine einfache Antwort können wir Ihnen nicht geben, da dies von der Art und Größe Ihres neuen Betriebes abhängt. Wohl aber möchten wir Ihnen Hinweise geben, wie Sie sich in neun Schritten der Antwort nähern können.

Den Einsatz der geeigneten Lösung können Sie aus der Kombination der Antworten aus zwei Informationsebenen ableiten:

1. aus dem, was Sie bereits über Ihr geplantes **Design** Ihrer **Prozesse** wissen und

2. aus Anzahl der geplanten Arbeitplätze und den **Arbeitsplatzdefinitionen** Ihrer Mitarbeiter.

Wir empfehlen Ihnen die folgen 10 Arbeitsschritte nachzuvollziehen, um den Bedarf quantitativ festzulegen:

Schritt 1

Leiten Sie zunächst Informationen aus den Antworten zum **Prozessdesign** ab.

Das Prozessdesign gibt Ihnen Antwort auf die Fragen:

- Wie sind die Aufgaben in den jeweiligen Prozessen miteinander verkettetet?

- Wodurch wird die einzelne Aufgabe angestoßen, was ist Inhalt und was das angestrebte Ergebnis der Aufgabe?

- Welche einzelnen Schritte sollen durch IT-Systeme unterstützt werden?

- Wie groß ist das Datenvolumen, das in diesem Prozess verarbeitet wird?

- Welche Bedeutung haben diese Prozesse und wie häufig werden sie durchlaufen?

- Durch welche Art Applikationen soll der Prozess unterstützt werden?

- Welche Rollen sind in diesem Prozess Mitarbeitern und anderen Systemen zugeteilt?

- Welchen Zugang zu diesem und zu anderen Prozessen brauchen diese Mitarbeiter?

Schritt 2   Leiten Sie danach die Informationen aus der **Arbeitsplatzdefinition** ab. Die Arbeitsplatzdefinition gibt Ihnen Antworten auf die Fragen:

- Welche Rollen werden durch den Mitarbeiter an diesem Arbeitsplatz eingenommen?

- Zu welchen Daten und Systemen und Applikationen braucht der Mitarbeiter einen Zugang, um seine Aufgaben zu erfüllen?

- Wie häufig ist der dabei auf ein Zugangsgerät angewiesen?

- Wie soll der Mitarbeiter mit andern Mitarbeitern im Unternehmen kommunizieren?

- Welche Rechnerintelligenz braucht das Zugangsgerät des Mitarbeiters?

- Welche besonderen Anforderungen an die Mobilität hat dieser Arbeitsplatz?

- Welche besonderen Anforderungen an die Peripherie hat dieser Arbeitsplatz?

- Welche besonderen Anforderungen an die Sicherheit hat dieser Arbeitsplatz?

Schritt 3   Erstellen einer **Bezugsmatrix**: Bringen Sie die Antworten auf die Fragen der Ebene Prozessdesign und der Ebene Arbeitsplatzdefinition matrixartig für jeden einzelnen Prozess in Bezug. So besteht jeder Prozess aus einer Kette von Aufgaben, die entweder durch andere Systeme oder durch Mitarbeiter an Arbeitsplätzen abgearbeitet werden müssen. Jeder Mitarbeiter ist aufgrund seiner Arbeitsplatzdefinition mehr oder weiniger intensiv an einer oder mehreren Aufgaben von einem oder mehreren Prozessen beteiligt.

Schritt 4

Zuweisen von Rollen zu einem Arbeitsplatz: Spielen Sie jeden Prozess gedanklich durch und weisen Sie jedem Arbeitsplatz die Rollen mit den Arbeitsmitteln und Systemen zu, die sie in dem Prozess brauchen. Denken Sie daran, dass auch Systeme Rollen übernehmen können.

Schritt 5

Überprüfen Sie, ob an jedem Arbeitsplatz nun die Rollen mit den zugeteilten Mitteln erfüllt werden können. Ergänzen Sie gegebenenfalls.

Nun haben Sie ein zusammenhängendes Bild bekommen,

- welches IT-Handwerkszeug in welcher Menge direkt von ihren Mitarbeitern gebraucht wird,
- welche Datenvolumen dort anfallen,
- welche Prozesse welche Systeme beanspruchen und
- welche Systeme welche Rollen übernehmen.

Bei umfangreichen Planungsaufgaben empfehlen wir Ihnen, Ihre Ergebnisse durch einen erfahrenen Wirtschaftsinformatiker überprüfen zulassen.

Schritt 6

Bilden Sie **Gruppen vergleichbarer Arbeitsplätze** und versuchen Sie diese zu standardisieren und in wenige Anforderungskategorien einzuteilen.

Schritt 7

Dokumentieren Sie Ihre Ergebnisse und lassen Sie sich von einem, besser von verschiedenen Anbietern berechnen, welche **Infrastruktursysteme** Sie brauchen, um das gesamte System zu etablieren.

Nun haben Sie ein Bild von der Größe Ihrer IT mit allen ihren Komponenten bestimmt und dokumentiert.

Schritt 8

Leiten Sie nun die **Infrastrukturvoraussetzungen** (und evtl. Personalvoraussetzungen) ab, die Sie brauchen, um eine Unternehmens-IT der gewählten Art unterzubringen und zu betreiben.

Schritt 9

Überprüfen Sie hier noch einmal, ob alle Anforderungen der **Datensicherheit** erfüllt werden können.

Schritt 10

Spätestens jetzt, besser begleitend zu jedem Prozessschritt, sollten Sie die folgenden drei Fragen stellen:

- Macht sich diese Investition in diese IT-Systeme bezahlt? Wann kann ich den ROI (Return on Investment) erwarten?

- Ist die Investition in ihrer Größe überhaupt finanzierbar und wird meine Liquidität ausreichen?

- Wie sehen die TCO aus und welche laufenden Kosten werden während der gesamten Nutzungsdauer auf mich zukommen, die aus der Entscheidung für dieses System herrühren? Sind diese tragbar für mich?

Falls Sie eine dieser Fragen mit einem Nein beantworten, müssen Sie möglicherweise in Ihrer Systemwahl auf andere Alternativen zurückgreifen oder Ihr Prozessdesign ändern oder gar Ihre Strategie überprüfen (Abbildung 20).

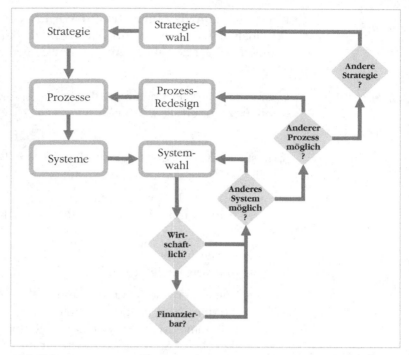

Abbildung 20: Regelkreis zur Systemauswahl

5.7   Die Alternative: Dienstleister- und Outsourcing-Angebote

Nachdem Sie Ihrer zukünftigen IT und all der Infrastruktur, die diese benötigt, in Gedanken immer näher gekommen sind, werden Sie wahrscheinlich mit unterschiedlichen Gefühlen auf die Anforderungen und die potentiellen Investitionen reagieren, die auf Sie zukommen werden.

Sie gehören entweder zu der Gruppe der Leser, die es gar nicht erwarten können, bis sie alle diese Infrastrukturen und Systeme bei sich im eigenen Betrieb aufgebaut und integriert haben, oder Sie gehören zu der Gruppe der Leser, die die Augenbrauen hochziehen, weil sie den Eindruck bekommen haben, alles drehe sich nur um die IT und nicht um das eigentliche Geschäft. Vielleicht sehen Sie gar Ihren Businessplan an den IT-Anforderungen scheitern.

Der ersten Gruppe möchten wir mit diesem Kapitel Einhalt gebieten und Sie ermutigen, sich zu fragen, ob ihr IT-Enthusiasmus sich nicht verselbständigt und die kaufmännische Sicht überholt hat.

Der zweiten Gruppe möchten wir Hoffung machen und zeigen, dass die IT dem Unternehmenszweck dient und nicht umgekehrt.

Hinweis

Es stehen Ihnen alternative Wege zur Auswahl, um IT-Systeme für Ihr neues Unternehmen zu nutzen. Die Investition in eine eigene IT und deren Betrieb in Eigenregie ist nur eine von mehreren Möglichkeiten, die Ihnen zur Verfügung stehen und die Sie evaluieren müssen.

Im Folgenden möchten wir den Fragen nachgehen,

- ob Sie wirklich alles, was die IT betrifft, selber machen müssen,

- ob es nicht wirtschaftlichere Lösungen gibt und Sie Systeme finden können, die nicht von Ihnen betrieben werden müssen,

- was für Möglichkeiten und Formen der Auslagerung Ihrer IT für Sie offen stehen,

- ob es nicht sinnvoller für Sie sein kann, sich auf Ihr neues Geschäft und Ihre Kunden zu konzentrieren, als sich um die Finanzierung, den Aufbau und den Betrieb der internen IT zu kümmern,

- ob Ihnen durch eine Auslagerung unter Umständen nicht sogar mehr IT und eine höhere Wettbewerbsfähigkeit geboten werden kann.

Wir werden Ihnen aufzeigen, welche alternativen Wege es zu einer eigenen, selbst betriebenen IT gibt und Ihnen Kriterien an die Hand geben, die Ihnen bei einer Entscheidung helfen.

Selbstanalyse

Bitte analysieren Sie zuerst sich selbst und Ihre Situation mit den folgenden Fragen, um festzustellen, ob Sie innerlich dazu bereit sind, so etwas Wichtiges wie die IT durch Fremde betreiben zu lassen, und welche Gründe außer den Kosten für Sie entscheidend sein könnten, sich für ein IT-Outsourcing oder einen Eigenbetrieb zu entscheiden:

- Was sind die Kernkompetenzen Ihres Unternehmens – inwieweit sind diese von einer IT im eigenen Betrieb abhängig?

- Inwieweit haben Sie selber IT-Kompetenz und IT-Knowhow?

- Haben Sie Wettbewerbsvorteile durch spezielle IT-Lösungen oder ist die IT lediglich das Hilfsmittel, mit dem Sie in den Wettbewerb treten?

- Bräuchten Sie, obwohl Ihr Betrieb klein ist, eigentlich eine Lösung, so wie sie größeren Unternehmen zur Verfügung steht?

- Sind Ihre Anforderungen an eine IT-Unterstützung wirklich so außergewöhnlich anders, dass Sie sie nur selber betreiben können?

- Brauchen Sie mehr IT-Unterstützung, als Sie im Anfang finanzieren können?

- Sie möchten Ihre knappen Ressourcen lieber in den Aufbau Ihrer Geschäftsprozesse stecken, als Kapital in Systeme zur Unterstützung dieser Prozesse zu binden?

- Sie glauben, dass Ihr IT-Bedarf in den nächsten Jahren stark schwanken wird?

- Wären die angestrebten Systemlösungen eigentlich für den Prozess ideal, aber ist der Infrastrukturaufwand zu hoch?

- Bräuchten Sie bei der optimalen Lösung die permanente Unterstützung durch einen IT-Fachmann, den Sie aber auf Grund der Größe Ihres Betriebes gar nicht auslasten können?

- Inwieweit vertrauen Sie anderen, dass diese mit Ihren Daten genauso sicher oder noch sicherer umgehen können als Sie selbst?

Im Gegensatz zu Großfirmen sind viele KMU oder Mittelständler noch sehr zurückhaltend, wenn es um Auslagerungen, Outsourcing oder um permanente externe Mitarbeiter in ihrem eigenen Betrieb geht.

Gerade im IT-Bereich und gerade für neue Unternehmen kann hier die Chance liegen, die einen wirtschaftlichen Erfolg überhaupt erst möglich macht.

Begriffe und Varianten der Zusammenarbeit mit externen und internen Betriebsdienstleistern

Im Gegensatz zu Implementierungsberatern, die Ihnen bei der Konzeption und dem Aufbau der IT helfen können, sind IT-

Betriebsdienstleister Serviceunternehmen, die Ihnen Leistungen im Rahmen des Betriebes Ihrer IT zur Verfügung stellen.

Da Sie, je nach Wahl des Vertragsverhältnisses mit Ihren Dienstleistern, nicht unbedingt selber in die IT investieren müssen, bietet Ihnen eine solche Zusammenarbeit eine große Auswahl an Gestaltungsmöglichkeiten in Bezug auf Ihre Investitionen und Ihre laufenden Kosten.

Vielfältige Modelle   Die Modelle der Zusammenarbeit und der Vertragsgestaltung so wie die Begriffswelt in diesem Bereich sind vielfältig, so dass Sie in der Regel erwarten können, eine maßgeschneiderte Lösung am Markt zu finden.

Dieser Markt der IT-Betriebsdienstleistungen wächst zurzeit überproportional. Es werden hier Lösungen von der Erbringung regelmäßiger kleiner Wartungsarbeiten bis hin zum Komplett-Outsourcing aller IT-Funktionen des Unternehmens angeboten. Auch bieten immer häufiger Serviceleister aus den Bereichen Logistik, Billing, Buchhaltung, Personal etc. volle Outsourcing-Pakete inklusive der dazugehörigen physischen Prozesse an.

Die Ausgestaltungsmerkmale einer Zusammenarbeit sind sehr variabel, ebenso die daraus resultierenden Kostenmodelle, die von der vollständigen Vorinvestition durch Sie bis hin zu einer flexiblen, minutengenauen Abrechnung der Nutzung der vom Dienstleister zur Verfügung gestellten Services und Systeme reicht.

Das zur Anwendung kommende Modell der Zusammenarbeit wird im Wesentlichen durch folgende Eckpunkte bestimmt:

- Der **Ort,** an dem die Dienstleistung erbracht wird, liegt entweder in Ihrem Unternehmen oder außerhalb in einem Rechencenter

- Das **Eigentum** an der IT-Infrastruktur, der Hardware oder der Software liegt bei Ihnen oder beim Dienstleister

- Der **Betreiber** der IT-Infrastruktur oder Hardware oder der Software sind Sie oder der Dienstleister

- Vom Dienstleister werden **zusätzliche IT-nahe Aufgaben** erbracht

- Vom Dienstleister werden **zusätzlich physische Prozessleistungen** über die IT hinaus erbracht

Je nach Kombination entstehen unterschiedliche Leistungspakte, wovon einige typische hier aufgezählt werden sollen. Die Grenzen zwischen diesen Pakten sind oft fließend.

Housing, Co-Location

Man spricht von **Housing** oder **Co-Location,** wenn das Unternehmen für seine **eigenen Server** einen Platz im Rechencenter des Dienstleisters mietet und die dort zur Verfügung stehende Infrastruktur nutzt. Die Routinewartung wird entweder vom Eigentümer oder vom Betreiber ausgeführt. Das inhaltliche technische Management der Server ist Sache des Kunden. Manche Anbieter verstehen unter Co-Location, wenn die Server nicht im Eigentum des Kunden, sondern lediglich an ihn vermietet sind. In jedem Falle aber hat der Kunde physische Zugangsrechte zu den Servern und muss in der Regel die IT-Fachkompetenz selber stellen und vor Ort erbringen.

Hosting

Ein **Hosting** liegt vor, wenn die Server im Rechencenter und evtl. auch die Software im Eigentum des Dienstleisters sind und der Kunde diese als Gast mit eigenen Applikationen nutzen darf. Der Kunde bestimmt Art und Umfang der Dienste. Im Hosting befindet sich eine **Lösung** für ein individuelles Kundenproblem. In der Regel ist der Kunde nicht an der dahinter stehenden Technik im Einzelnen interessiert. Er hat auch kein Zugangsrecht zu den Servern, sondern nur zu deren Daten. Als Beispiel ist hier das Hosting eines Webshops oder eines Internetauftrittes zu nennen. Populär ist Hosting bei Lösungen, die auf Internetstrukturen angewiesen sind, und bei Systemen, auf die Mitarbeiter von verschiedenen Orten mit verschieden Medien zugreifen müssen wie beispielsweise Groupware- und Mailsysteme oder Intranets.

Interne Betriebs-dienstleister

Interne Betriebsdienstleister sind IT-Unternehmen, die – ähnlich dem Wachdienstunternehmen oder der Reinigungsequipe – IT-Fachverantwortung im Mandat wahrnehmen und ihre Systeme als Dienstleister betreiben. In diesen Fällen müssen Sie entscheiden, ob der Dienstleister die Soft- und Hardware stellt oder ob er seine Leistungen auf Systemen erbringt, die in Ihrem Eigentum sind.

Utility Computing

Eine etwas neuere Form von IT-Dienstleistungsangeboten wird als **Utility Computing** zusammengefasst. Ähnliche oder verwandte Begriffe sind „**Software on Demand**" oder auch „**ASP**" **(Application Service Providing).**

Durch die Verbreitung des Internets und insbesondere durch die zur Verfügungen stehenden Bandbreiten ist es möglich geworden, die im Unternehmen gebrauchte Software nicht mehr dort zu installieren, sondern zentral bei einem Service-Provider. Diese Lösungen werden den Nutzern über das Internet bereitgestellt, die dann Gebühren in Abhängigkeit ihres Nutzungsgrades zahlen. So haben selbst kleinste Unternehmen die Chance, Systeme zu nutzen, die sonst nur Großfirmen vorbehalten waren.

5.8 Zusammenstellung und Betrieb einer Lean-IT

Vom Gedanken her ist es sicherlich bestechend, sich nur um sein Geschäft und nicht um die Systeme, welche die Geschäftsprozesse unterstützen, kümmern zu müssen. Entscheidungen und Antworten auf die folgenden Fragen werden jedoch in jedem Fall von einem Unternehmensleiter bzw. Unternehmensgründer verlangt:

- Welche Art der IT-Unterstützung brauchen wir?
- Wie viel IT ist nötig und wie viel ist bezahlbar?
- Bei welchen Prozessen soll IT eingesetzt werden?
- Wie sollen die Systeme am zweckmäßigsten konfiguriert werden?
- Wie sollen die Organisation und der Betrieb der IT funktionieren und ablaufen?
- Wie sollen der Support und die Schulung geregelt werden?
- Wer darf und muss welchen Zugang zur IT haben?
- Wie soll die IT finanziert werden?

5.8.1 Definition „Lean-IT"

Wenn wir von „Lean-IT" sprechen, dann verstehen wir darunter

- den technischen Betrieb der IT und die fachliche Betreuung **durch Dritte** wie Servicedienstleister,
- die Auslagerung der den IT-Betrieb betreffenden Teile **der eigenen Wertschöpfungskette** zu darauf spezialisierten Unternehmen und
- die Minimierung der durch die Anschaffung von Systemen verursachten **Investitionen zu Lasten der Betriebsaufwände**.

Lean-IT spielt sich auf der operativen betrieblichen Ebene ab und kann große Auswirkungen auf die Gestaltung der Kostenstruktur in Ihrem Businessplan haben. Sie befreit Sie als Unternehmensleiter jedoch nicht von den Fragestellungen der strategischen Rolle der IT bei der Gründung.

Hinweis

Im Gegenteil, gerade ein vertieftes Verständnis der IT und die sorgfältige Auswahl der Systeme können zu einem Wettbewerbsvorteil gegenüber größeren und etablierten Konkurrenten führen. Der IT-Schub der letzten 5 Jahre beruhte zu einem entscheidenden Teil darauf, dass die IT als „Enabler" gesehen wurde, die neue, vorher nicht durchführbare Geschäftsmodelle ermöglichte.

5.8.2   Entscheidungskriterien für den Einsatz von Lean-IT

Im Folgenden wollen wir untersuchen, welche Voraussetzungen erfüllt sein müssen, um den ganzen Betreib der IT oder Teile davon an Dritte außerhalb des Unternehmens zu übergeben.

Verbindung zum Rechencenter

Wenn Ihre Daten und Applikationen nicht bei Ihnen, sondern in einem entfernten Rechencenter liegen, muss die Verbindung zu den Daten eine solche Qualität aufweisen, dass die Mitarbeiter im täglichen Betrieb keinen Unterschied wahrnehmen, ob sie auf den eigenen Inhouse-Systemen arbeiten oder mit den im Rechencenter untergebrachten Servern.

In erster Line ist Bandbreite erforderlich – und das in beiden Richtungen. Das ADSL-Verfahren hat die Eigenschaft, dass es asynchron arbeitet und die Verkehrswege zu Ihnen in der Regel mehr Kapazität bieten als umgekehrt von Ihnen nach draußen. Dies stellt für normale Mail- und Internetanwendungen kein Hindernis dar. Wenn Sie aber große Datenmengen versenden oder mit Transaktionssystemen remote arbeiten, brauchen Sie eine synchrone Verbindung, bei der der Uploadstrom hin zum Rechencenter mit der gleichen Kapazität unterstützt wird wie der Downloadstrom zu Ihren Clients.

Die Verbindung zum Rechencenter sollte sicher sein. Dies erreichen Sie durch eine normale sichere Internetverbindung (Sie wissen, im Browser erscheint bei einer sicheren Verbindung "https://www...." statt "http://www...."). Eine Alternative ist die Einrichtung eines **VPN (Virtual Private Network).** Hier wird im

Internet eine sichere Standleitung zwischen Ihnen und dem Rechencenter simuliert.

Hinweis   Denken Sie daran, je mehr Sicherheit Sie bei der Datenübertragung einbauen, umso mehr leidet die Geschwindigkeit – dies müssen Sie bei der Wahl Ihrer Rechner und der Bandbreite berücksichtigen und hier dann entsprechend großzügiger sein.

Ein Augenmerk sollten Sie auf die Verfügbarkeit des Internetsignals in Ihren Räumlichkeiten legen. Große Unternehmen und Rechencenter legen oft zwei oder mehr eigene Leitungen zu unterschiedlichen Internetknoten. Am Anfang und bis zu einer gewissen Größe können Sie sich für einen Hauptprovider entscheiden, der Ihnen das Signal beispielsweise über Telefonkabel liefert, und einen zweiten Fall-Back-Provider, der Ihnen einen zweiten Anschluss über das Kabelfernsehnetz bietet. Wenn nun der eine Anschluss nach vorn das Haus verlässt und der zweite nach hinten, dann können Sie, auch wenn die Straße vor ihrem Büro saniert wird, beruhigt dem Bagger zuschauen, der gerade ein Kabelbündel zerrissen hat – es sei denn, es war gerade Ihre Stromleitung.

Eignung des Dienstanbieters

Dienstanbieter unterscheiden sich

- im Angebotsspektrum und ihrer Spezialisierung,
- in der Qualität ihrer Service- und Supportleistungen und
- in der Qualität ihrer Rechencenter.

Als Laie können Sie die Qualität des Rechencenters kaum abschätzen und die Qualität des Services nur im Nachhinein beurteilen.

Checkliste im Anhang   Wir haben Ihnen im Anhang eine Checkliste bereitgestellt, mit der Sie die einzelnen Center vergleichen können. Wir empfehlen Ihnen, Referenzkunden zu besuchen, am besten aus der gleichen Branche und in der gleichen Größe Ihres Unternehmens.

Die Angebotsspektren sind vielfältig. Oft haben sich Rechenzentren auf bestimmte Branchen spezialisiert und die Teilnehmer dieser Branche wie Lieferanten, Kunden und andere Partner sind bereits angebunden, sodass sie auch als Datendrehscheibe im elektronischen Datenaustausch dienen können. Als Beispiel sind hier Dienstleister im Gesundheitswesen zu nennen.

Ideal für Sie wäre es, einen Partner zu finden,

- der flexibel auf Ihre Wünsche eingeht,

- Ihr Wachstum verkraften und

- Ihnen alles aus einer Hand bieten kann,

- Ihre Branche und die Systeme, die Sie brauchen, kennt,

- weitergehenden Service und Support bei der Nutzung der Systeme anbietet,

- Ihnen nur das in Rechnung stellt, was Sie wirklich brauchen, und

- flexible Modelle für schwankende Nachfrage offeriert.

Für große Unternehmen kann es wirtschaftlich sein, unterschiedliche Anbieter für die Internetverbindung, VoIP, Hosting, Anbindung von Home-Arbeitsplätzen und Utility Computing auszuwählen. Je kleiner Sie jedoch sind und je weniger Fach-Know-how im Bereich IT Sie vorhalten wollen, desto umfangreicher sollte der Service des Dienstleisters sein.

Dienstanbieter, die sich darauf spezialisiert haben, die Infrastruktur kleinerer Unternehmen zu warten und zu pflegen, finden wir fast in jedem Ort. Wenn diese sich selber als kleines Rechencenter betätigen, sollte Sie das skeptisch stimmen. Häufig bestehen jedoch Partnerschaften und Provisionsmodelle mit professionellen Rechencentern, die Sie dann selber unter die Lupe nehmen müssen, damit Sie und nicht der Dienstleister bestimmt, wo Ihr betriebswirtschaftliches Optimum liegt.

Eignung der Organisation und der eigenen Arbeitsplätze

Der Ein-Personen-Betrieb

Sind Sie ein Ein-Personen-Betrieb, dann werden Sie sicherlich die persönlichen Applikationen, die Sie täglich brauchen, auf ihrem PC oder Laptop halten und sich über Untilty Computing und Co-Location wenig Gedanken machen. Sie sind sich möglicherweise gar nicht bewusst, wie viele Dienstleister Sie schon in Anspruch nehmen: Sie verfügen über einen ADSL-Anschluss, telefonieren mit Skype VoIP über das Internet und Ihre Homepage ist bei einem Hosting Provider untergebracht. Ebenso halten Sie es mit Ihrer Mailbox und Ihrer persönlichen Emailadresse, die Sie genau so wie ihren Anrufbeantworter von unterwegs über das Internet abfragen können. Möglicherweise schätzen Sie auch die Organizer-Applikation Ihres Internetproviders, mit der Sie alle Ihre Termine, Aufgaben und Adressen mit Ihrem lokalen Outlook abgleichen können, oder Sie nutzen bei Ihrem Provider einen Speicherplatz für Dokumente, auf die Sie immer von unterwegs zugreifen möchten.

Tipp

Vielleicht haben Sie auch schon einmal bei CRM-on-Demand-Anbietern nachgeschaut. Hier bekommen Sie bei manchen ein Einplatz-CRM-System gratis zur Verfügung gestellt, oft mit riesigem Funktionsumfang und der Möglichkeit des Abgleichs der Daten mit Ihren persönlichen Systemen.

Wie Sie sehen, öffnen sich Ihnen durch externe Dienstleister erhebliche neue Möglichkeiten der Prozessunterstützung, selbst wenn Sie nur über einen Arbeitsplatz in Ihrem Unternehmen verfügen.

Faustregel

Sobald Ihre IT im Vergleich zu der Datenmenge, die Sie bearbeiten, komplexer wird, Sie eine größere Infrastruktur vorhalten müssen, die nicht voll ausgelastet werden kann, Sie über mehrere Arbeitsplätze, vielleicht noch an verschiedenen Orten, verfügen, Sie gemeinsame Datenbanken, Groupware und Transaktionssysteme einsetzen, wird der potentielle Nutzen, den Ihnen ein Dienstleister anbieten kann, größer.

Nicht an jedem Arbeitsplatz können die Systeme im gleichen Maße ausgelagert werden. Verfügen Sie über feste Arbeitsplätze mit breitbandigem Internetanschluss, dann ist es für Sie möglich, alle Applikationen, auch die persönlichen, von einem Dienstleister hosten zu lassen.

mobile Arbeitsplätze

Wenn Ihre Mitarbeiter mobil sind und von unterwegs aus arbeiten müssen, wo kein Internetzugang oder nur mit wenig Bandbreite zur Verfügung steht, sollten diese die persönlichen Applikationen auf ihren Geräten vorhalten und die Datenbestände mitführen können, die sie für ihre Tätigkeiten unterwegs brauchen. Hier sollten Sie darauf achten, dass Ihr Provider geeignete **Replikationsmechanismen** bereithält, mit denen die Datenbestände der Laptops und der zentralen gehosteten Datenbank abgeglichen werden können.

Eignung der Prozesse

Eine Auslagerung der Systeme zu einem Dienstleister könnte für folgende Prozesse von Nutzen sein – je nach Größe und Ausrichtung des Unternehmens vielleicht auch wirtschaftlicher als selbst angeschaffte und administrierte Systeme:

- Prozesse, die eine relativ **große oder komplexe IT-Infrastruktur** erfordern. Das sind beispielsweise die Prozesse, die durch Workflowsysteme oder Groupware-Applikationen unterstützt werden, besonders wenn die Prozessbeteiligten mit mobilen oder Home Office-Plätzen ausgerüstet sind.

- Prozesse, deren System für die Aufrechterhaltung relativ **großes IT-Fachwissen** erfordert, beispielsweise ERP unterstützte Prozesse oder Datenaustauschprozesse zwischen Unternehmen.

- Prozesse, die mit Dialogsystemen von **verschiedenen Arbeitsplätzen gesteuert** oder überwacht werden, beispielsweise ERP-gestützte Prozesse.

- Prozesse und Hilfsprozesse, die **isoliert ablaufen** und die als Ganzes ausgelagert werden können, beispielsweise Buchhaltung, Personaladministration, Logistik, Billing etc.

- Prozesse, für deren Unterstützung Systeme ideal wären, die jedoch so umfangreich sind, dass Sie sich diese aufgrund der Größe Ihres Unternehmens **noch nicht leisten können**, beispielsweise CRM-Vollsysteme.

5.8.3   Die Vorteile der Auslagerung von IT

Die Auslagerung des Betriebs der IT und der IT-Infrastruktur ist eine klassische Make-or-buy-Entscheidung. Auf Grund des Wachstums des Dienstleistermarktes und der Möglichkeiten des Internets mit der Steigerung der Bandbreitenkapazitäten sind immer mehr Lösungen immer preiswerter realisierbar. Dadurch können Unternehmen immer mehr Vorteile für sich nutzen:

- Ein Unternehmen kann, besonders am Anfang, seine Liquidität erhöhen und auf Investitionen in Systeme verzichten, die es „on demand " bezieht.

- Eine schnelle Skalierbarkeit in beide Richtungen, in Wachstumsphasen, aber auch dann, wenn die Kapazitäten weniger ausgelastet sind als erwartet, verhilft zu besseren Margen.

- Professionelle Rechencenter weisen in der Regel wesentlich höhere und modernere Sicherheitsstrukturen auf als neu gegründete Unternehmen.

- Durch nicht in IT geschulte Unternehmensleiter ist eine stärkere Kontrolle der Leistung über klar abgefasste Dienstleistungs- und Serviceverträge möglich als bei direkter Führung von diversem IT-Fachpersonal.

- Von kleineren Unternehmen könnten die notwendigen Fachspezialisten alleine nur zu einem kleinen Teil ausgelastet werden, so dass hier kein optimaler Einsatz der Personalressourcen stattfinden kann.

- Da Diesnstleister für mehrere Unternehmen einkaufen, können Skaleneffekte mitgenutzt werden.

- Durch die Bündelung und Spezialisierung können Dienstleister niedrigere Betriebskosten erreichen.

- Das Machtverhältnis gegenüber Softwarelieferanten ist für den Dienstleister günstiger, und er kann die Wünsche der Kunden besser durchsetzen.

- Der Dienstleister kann in der Regel fachlich kompetenteres IT-Personal vorhalten.

- Das Unternehmen hat eine garantierte Verfügbarkeit oft über 99 % und muss IT-Ausfallkosten nicht mehr selber tragen.

- Durch die Standardisierung und Auslagerung der IT wird die Abhängigkeit von einzelnen Mitarbeitern im Unternehmen reduziert.

- Der Kunde muss sich nicht selber um Installation, Wartung, Upgrading, Releasewechsel, Service und dergleichen kümmern.

- In den meisten Fällen kann von einem 24-Stunden-Service profitiert werden, den kleine Betriebe selber kaum aufrechterhalten können.

- Zusätzlich kann im eigenen Unternehmen fremdes Know-how des Dienstleisters genutzt werden, ohne es selber aufbauen zu müssen.

5.8.4 Kostenvergleiche

Damit Sie sich selber ein Bild machen können, ob die Auslagerung auch finanziell für Sie Vorteile bringen wird, haben wir Ihnen einige Beispiele und Zitate zusammengetragen. Sie finden sich auf den Internetseiten der Anbieter und der bekannten IT-

Marktforschungsinstitute, auf die immer wieder zurückgegriffen wird. Betrachten Sie diese als Faustregeln:

Faustregeln

- Die IT-Kosten pro selbst betriebenem Arbeitsplatz und Jahr betragen von 5.000 Euro, wenn man nur die direkt sichtbaren Kosten betrachtet, bis zu einer Höhe von 9.000 bis 10.000 Euro, wenn man auf Vollkostenbasis rechnet.

- Wenn Sie bei einem eigenen IT-Betrieb die Lizenzkosten als Grundlage für eine Hochrechnung der Kosten nehmen, dann können Sie erwarten, dass Sie pro Euro Lizenz noch 20 Euro zusätzlich für eine komplette Betriebsdienstleistung in Ihrem Hause aufwenden müssen, wenn der Dienstleister auch noch die Hardware stellt.

- Bei der Kostenberechnung für ein IT-Outsourcing müssen Sie nicht nur das Vertragsvolumen ansetzen, sondern immer noch einen gewissen Teil für eigenen Aufwand. Wenn Sie Ihre IT komplett vergeben, dann können die eigenen damit zusammenhängenden internen Kosten bis zu 15 % des Vertragsvolumens betragen. Der Durchschnitt sollte bei 4,5% liegen.

Weiter unten finden Sie Tabelle 6 und Tabelle 7, die Ihnen helfen sollen die Make-or-buy-Entscheidung zu erleichtern. Die meisten Anbieter stellen Ihnen diese Zusammenstellungen in ähnlicher Weise zur Verfügung, da die reduzierten Kosten, besonders bei standardisierten Leistungen, eines Ihrer Hauptargumente ist. Werden Spezialapplikationen an Dienstleister vergeben, sollte man aber genauer hinschauen.

Beispiel

In Tabelle 6 (einmalige Kosten) und Tabelle 7 (laufende Kosten) führen wir Ihnen beispielhaft das Kostenkalkulationsschema für eine gemietete und auswärts untergebrachte komplette Groupware-Lösung auf einem Server (mit Mail und Gruppenkalender, Intranet und gemeinsamer Datenbank und Dokumentverwaltungssystem) wie beispielsweise Microsoft Exchange auf.

Die meisten Anbieter werden Ihnen nicht Preise für alle Einzelpositionen nennen, sondern Ihnen Pauschalpakete offerieren, in denen dann schon einmal eine für Sie wichtige Komponente nicht enthalten ist. Oder es werden andere Dienste, die Sie nicht brauchen, im Bündel mitgeliefert.

	Einmalige Investitionen	Eigen-betrieb	Externes Hosting
1.	Serverlizenz der Groupware und Betriebssystemlizenz für Server (MS Exchange Small Business Server)		entfällt
2.	Client Software (Outlook), eine Lizenz pro Arbeitsplatz		
3.	Anti- Virus Programme für den Server		
4.	Eine Softwarelizenz für den sicheren Zugang via Internet und Replikation mit mobilen Geräten.		entfällt
5.	Serverhardware		entfällt
6	Server Peripherie wie Bildschirm, Tastatur, etc		entfällt
7.	DSL-Modem und Router für Internet		
8.	Back-Up- Anschluss ans Internet für Notfälle		
9.	Gerät zur Datensicherung der Serverfestplatte		entfällt
10.	Klimagerät für Raum		entfällt
11.	Unterbruchsfreie Stromversorgung für Server		entfällt
12.	Installation der Rauminfrastruktur für Server		entfällt
13.	Aufbau und Konfiguration und Set-Up des Servers		
14.	Erstellung der internen Dokumentation		
15.	Schulung und Einweisung des Administrators und seines Stellvertreters		
TOTAL einmalige Kosten			

Tabelle 6: Einmalige Investition – Kalkulationsschema für den externen oder internen Betrieb einer Groupware

	Kosten für laufenden Betrieb bezogen auf ein Jahr	Eigen-betrieb	Externes Hosting
1.	Abschreibung der Investitionen (= 1/3 der einmaligen Kosten bei einer Abschreibung auf 3 Jahre		
2.	Anteilige Miete des Serverraums inklusive Strom, Reinigung etc.		entfällt
3.	Serverwartung ca. 60 Stunden einer IT-Fachkraft verteilt über das ganze Jahr		entfällt
4.	Anti-Spam Services in Abhängigkeit der Anzahl der User		
6.	Gebühr für Mail-Account je User und allgemeine Accouts wie Sevice@.., Info@...	entfällt	
7.	Miete Speicher nach Bedarf für den für all User zugänglichen gemeinsam genutzten Teil	entfällt	
8.	Zusätzlicher Speicherplatz für Mailboxen	entfällt	
9.	Server und Softwarehosting	entfällt	
10.	Kosten für Internetverbindung zu Serviceprovider		
11.	Kosten für Hotline / Superuser		
12.	Management Overhead für die jeweilige Lösung		
	TOTAL jährlich wiederkehrende Kosten		

Tabelle 7: Jährliche Kosten – Kalkulationsschema für den externen oder internen Betrieb einer Groupware

Oft werden Sie feststellen, dass verschiedene Dienstleister Vermittler von Leistungen von größeren Rechencentern oder von Internetserviceprovidern sind und diese mit eigenen Dienstleistungen anreichern.

Vergleich lohnt sich in jedem Fall nicht nur, um das passende optimale Preis-Leistungs-Verhältnis zu finden, sondern auch um festzustellen, wer letztlich der Vertragspartner ist, der für die Daten Sorge trägt, und wo ihre Daten schlussendlich liegen.

Mit einen Kalkulation wie im obigen Beispiel werden Ihnen Dienstabbieter für Unternehmen mit 5 -20 Mitarbeiter einen Vorteil von zwischen 700 Euro und 1000 Euro pro Jahr errechnen. Die Wirklichkeit ist aber nicht immer so idealtypisch wie dieses Beispiel.

Als Faustregel gilt:

Faustregeln

Je standardisierter Ihr Lösungsbedarf ist und je kleiner Ihr Unternehmen ist, um so mehr und günstigere Angebote finden Sie auf dem Outsourcing Markt.

Brauchen Sie individuelle Speziallösungen, dann müssen Sie sehr genau rechnen und die Vor- und Nachteile abwägen, da auch der Dienstleister dann nicht mehr die Skalen hat, wie bei Standardlösungen.

Wenn Sie eine Größe erreicht haben, wo Sie eine IT-Fachkraft optimal einsetzen können, haben Sie eine stärkere Verhandlungsposition gegenüber dem Dienstleister. Hier müssen Sie ins Detail gehen und von Fall zu Fall entscheiden.

Falls Sie sich für weitere Informationen zum Outscourcing Ihrer IT interessieren, empfehlen wir Ihnen das Buch "Outscourcing Realisieren" der Autoren M. Hodel / A. Berger/ P. Risi, ebenfalls aus dem Vieweg Verlag.

6 Systemauswahl

Im Gegensatz zur IT-Auswahl bei bestehenden Unternehmen können Sie bei Ihrem neuen Unternehmen nicht auf die Abbildung der bestehenden Prozesse und Strukturen zurückgreifen. Sie müssen die neu entstehenden Prozesse darstellen und einem Anbieter diese Anforderungen nahe bringen. Dies geschieht in Form eines Pflichtenheftes. Ebenfalls anders als bei bestehenden Unternehmen können Anbieter die geplanten Prozesse noch stärker beeinflussen.

Ein Unternehmen sollte sich zwar nicht nach den Vorgaben des IT-Systems richten, es gibt jedoch häufig mehrere gleichwertige Lösungswege, die man beschreiten kann. Sie können in mancher Hinsicht vielleicht noch von den standardmäßig umgesetzten Lösungen der angebotenen Systeme lernen.

Neben der Auswahl des Systems gilt es auch den Partner auszusuchen, der das System bei Ihnen installiert, Ihre Mitarbeiter schult und Sie über den Einführungstermin hinaus auch betreut. Bei den meisten Systemen führt dies nicht der Hersteller selbst durch, sondern so genannte Lizenzpartner oder Implementierungspartner. Hier gilt es neben den fachlichen Kriterien auch die Basis für eine zuverlässige und vertrauensvolle Zusammenarbeit zu legen.

Wir konzentrieren uns im Folgenden beispielhaft auf die Auswahl eines ERP-Systems als Herzstück der gesamten IT-Landschaft.

6.1 Pflichtenheft

Unter einem **Pflichtenheft** versteht man die ausführliche Beschreibung aller Leistungen, die ein künftiges IT-System erbringen soll. Es dient den Anbietern der Systeme dazu, abzuschätzen, in wie weit das bestehende System auf die Anforderungen passt bzw. welche Ergänzungen noch vorgenommen werden müssen, um diese zu erfüllen. In der Regel bildet das Pflichtenheft auch die Basis zu einem Angebot und zu späteren vertraglichen Regelungen.

Hinweis

Wir empfehlen Ihnen, das Pflichtenheft auf jeden Fall als Vertragsbestandteil einzubeziehen.

Je ausführlicher Sie das Pflichtenheft gestalten, desto qualifizierter können Ihnen die Anbieter darauf antworten. Für Sie bildet das Pflichtenheft zudem eine gute Dokumentation Ihrer geplanten Abläufe. Dies ist insbesondere bei neuen Unternehmen wichtig, da sich dort der Anbieter nicht die bestehenden Abläufe ansehen und darüber informieren kann.

Der Prozess der Auswahl unterstützt Sie zudem dabei, festzustellen, ob Sie bezüglich der IT auch an alles gedacht haben. Die Anbieter verfügen dort über breite Erfahrungen und werden schon aus Geschäftsinteresse sicher auf Lücken stoßen, falls diese vorhanden sind.

Folgende Bestandteile sollte ein Pflichtenheft beinhalten:

- Profil Ihres Unternehmens mit den notwendigen Kennzahlen

- Geplante Leistungen, die Sie erbringen wollen, inklusive Mengenangaben

- Umfang der gesamten IT-Landschaft; Beziehungen zwischen den einzelnen Komponenten

- Detaillierte Beschreibung der einzelnen zu erbringenden Leistungen

- Zusätzliche Informationen evtl. in Form eines Fragenkataloges bzw. anhand von Beispielen

- Modalitäten zum Angebot (Inhalt, Angaben zum Unternehmen, Termine, Konditionen etc.)

Wir werden Sie anhand einer ausführlichen Checkliste durch die Erstellung eines Pflichtenheftes führen. Betrachten Sie diese Checkliste als Leitfaden und ergänzen Sie in den für Sie wichtigen Bereichen die vorgegebenen Fragestellungen durch Ihre Anforderungen. Eine Mustergliederung finden Sie in der nachfolgenden Tabelle 9.

Das Pflichtenheft sollte so gestaltet sein, dass ein Anbieter elektronisch seine Kommentare in einen Antwortkatalog (Beispiel in Tabelle 8) anbringen muss. Hier hat sich bei vielen Ausschreibungen MS Word bewährt, weil dies Programm bei den meisten Unternehmen vorhanden ist. Nutzen Sie keine Tabellenkalkulationsprogramme, weil es hier äußerst kompliziert ist, längere Texte in die Zellen zu schreiben, zu formatieren oder Grafiken und

Screenshots einzufügen. Denn genau dies werden Ihre Anbieter trotzdem tun, und Sie werden mit der Übersichtlichkeit kämpfen. Nutzen Sie am besten eine verbindliche, tabellarische Vorlage eines Textverarbeitungsprogrammes, beispielsweise MS Word. So können Sie nach Eingang die Angebote besser vergleichen. Geben Sie pro Fragestellung drei Antwortmöglichkeiten verbindlich vor:

- im Standard enthalten,

- in einem Zusatzmodul enthalten oder

- muss individuell programmiert werden.

Nur so werden Sie in der Lage sein, die Antworten mit vertretbarem Aufwand zu vergleichen. Darüber hinaus sollten Sie vorschreiben, dass die Kosten für das Zusatzmodul oder eine Programmierung stets zu jeder Anforderung beziffert werden sollen, damit Sie Kostentreiber identifizieren können. Weiterhin sollte zu jeder Antwort eine Erläuterung in Freitext möglich sein.

Anforderungen des Unternehmens		Antworten des Anbieters				
Nr.	Beschreibung	Standard	Zusatzmodul	individuell	Erläuterung der Lösung durch den Anbieter	Kostenschätzung für Zusatzmodule oder Programmierung
1.	...	X			...	... €
2.				X	...	...
...		...	...	...	...	...

Tabelle 8: Beispiel einer verbindlichen Antworttabelle zum Pflichtenheft

Arbeiten Sie bei wichtigen Elementen mit Beispielen, damit sich der Anbieter ein möglichst gutes Bild der Anforderungen machen kann.

Hinweis   Geben Sie dem Anbieter möglichst exakt vor, wie seine Preisgestaltung aussehen muss. Dies möglichst gegliedert nach Einmalzahlungen, jährlichen Lizenzkosten, Kosten pro Arbeitsplatz, Schulungskosten, Wartungskosten. Zudem müssen die Anforderungen an die Infrastruktur wie Hardware, Betriebssysteme etc. übersichtlich abgefragt werden. Geben Sie ebenfalls einen realistischen Einführungstermin vor und verlangen eine grobe Projektplanung dafür.

Mustergliederung Pflichtenheft	
1.	Das Unternehmen, Profil und Kennzahlen
2.	Geschäftspartner
3.	Produkte und Services
4.	Kundenmanagement
5.	Finanzbuchhaltung
6.	Lohnbuchhaltung
7.	Produktion
8.	Logistik
9.	Einkauf
10.	Verkauf
11.	Projektmanagement
12.	Angebot des Anbieters
13.	Termine, Angebotsabgabe und Ansprechpartner

Tabelle 9: Mustergliederung für ein Pflichtenheft

Die Mustergliederung der vorhergehenden Tabelle ist eine Möglichkeit, Ihr Pflichtenheft zu gliedern. Die Unterkapitel sollten die nachfolgend dargestellten Inhalte enthalten.

1. Das Unternehmen – Profil und Kennzahlen	
Name, Adresse und weitere Kontaktdaten	
Beschreibung des Unternehmens	
Abbildung der wichtigsten Abläufe	
Anzahl Mitarbeiter (fest und Teilzeit)	
Anzahl Produkte/Services	
Anzahl Kunden	
Anzahl Lieferanten	

1. Das Unternehmen – Profil und Kennzahlen	
Anzahl Eingangsrechnungen/Jahr	
Anzahl Ausgangsrechnungen/Jahr	
Geschätzter Jahresumsatz	
Besonderheiten wie Standorte, externe Mitarbeiter, Handelsvertreter etc.	

2. Geschäftspartner	
Anzahl Geschäftspartner je Kategorie (siehe Kapitel 4.1 Geschäftspartner)	
Stammdaten, die pro Geschäftspartner hinterlegt werden sollen	
Bewegungsdaten, die pro Geschäftspartner hinterlegt werden sollen	
Besonderheiten	

3. Produkte und Services	
Stammdaten, die pro Produkt oder Service hinterlegt werden sollen	
Bewegungsdaten, die pro Produkt oder Service hinterlegt werden sollen	
Durchschnittliche Anzahl Veränderungen an Produktstammdaten pro Jahr	
Strukturen, in denen Produkte oder Services abgelegt werden sollen	
Anzahl umgesetzter Produkte/ Services/ Jahr	
Darstellung der Produkte oder Services in Katalogen, Web-Auftritten, Börsen etc.	
Auswertungen über Produkte oder Services	
Besonderheiten	

4. Kundenmanagement	
Attribute, die pro Kunde gepflegt werden sollen	
Auswertungen, die pro Kunde erstellt werden sollen	
Einbinden zusätzlicher Datenbanken	
Spezielle geplante Marketingaktivitäten	
Ablauf After Sales Service	
Besonderheiten	

5. Finanzbuchhaltung	
Anzahl Eingangsrechnungen/Jahr	
Anzahl Ausgangsrechnungen/Jahr	
Konten- und Kostenstellenplan (falls bereits vorhanden)	
Geplanter Ablauf der Fakturierung	
Fremdwährungen, Stornierungen etc.	
Auswertungen über Finanzfluss, Liquiditätsplanung etc.	
Besonderheiten	

6. Lohnbuchhaltung	
Entlohnungsmodelle	
Geplanter Ablauf/Outsourcing	
Notwendige Schnittstellen	
Besonderheiten	

7. Produktion	
Daten, die zur Produktion abgelegt werden sollen	
Schnittstellen zu speziellen Produktionssteuernden Systemen	
Stücklisten	

7. Produktion	
Arbeitspläne	
Besonderheiten	

8. Logistik	
Anzahl Lager/Lagerkapazitäten	
Lagerbuchungen	
Anzahl Produkte pro Lager	
Geplanter Ablauf der Beschaffung und Distribution	
Schnittstellen zu Logistiksystemen	
Schnittstellen zu externen Logistikdienstleistern	
Auswertungen über Lieferzeiten, Lagerumschlagszahlen etc.	
Besonderheiten	

9. Einkauf	
Systematik, mit der Lieferanten ausgewählt werden	
Abbildung des Einkaufsprozesses	
Preisfindung	
Einkaufskonditionen	
Nachverfolgung der Einkaufsdaten	
Auswertungen über Einkaufspreise, Mengen etc.	
Besonderheiten	

10. Verkauf	
Preissystematik	
Zu hinterlegende Konditionen	
Ablauf der Angebotserstellung/und -nachverfolgung	

10. Verkauf	
Verarbeitung eingehender Bestellungen	
Auswertungen über Angebote, Bereitstellungszeiten, Liefertreue etc.	
Besonderheiten	

11. Projektmanagement	
Beschreibung von Projekten als Lieferobjekte	
Projektkennzahlen	
Projektpläne	
Projekt Controlling	
Auswertungen über abgeschlossene und laufende Projekte	
Dokumentation inkl. Sprache(n)	
Bereitstellung von Beispieldaten	
Besonderheiten	

12. Angebot des Anbieters	
Vorstellung des Anbieters auf max. 2 bis 3 Seiten: Firmendaten, Historien, Anzahl Mitarbeiter, Produkte und Dienstleistungen, Partner etc.	
Zusammenfassung des Lösungskonzepts auf 2 Seiten: Funktionen, Architektur, Leistungsmerkmale	
Zusammenfassung aller Kosten auf einer Seite mit Differenzierung der Kostenarten	
Eingesetzte Technik: Systemkonzept, Konfiguration, systemtechnische Komponenten, Anforderungen an die Clients und Server etc.	

12. Angebot des Anbieters	
Anbieterbezogene Angaben: Referenzprojekte dergleichen Branche, Projektmethodik, Kompetenzen eigener Mitarbeiter, Kompetenzen von Partnerunternehmen, mögliche Leistungen des Anbieters von der Systemspezifikation bis zu Wartung und Support etc.	
Kosten: Konditionen, Garantien, Service und Support, Lizenzmodelle und -kosten, Dienstleistungen und -kosten, Hardwareinstallation etc.	

13. Termine, Angebotsabgabe und Ansprechpartner	
Fristen zur Einreichung von Fragen sowie zur Benantwortung des Pflichtenheftes	
Form der Abgabe: elektronisch und / oder Anzahl der gedruckten Versionen	
Kontaktdaten der Ansprechperson beim Unternehmen	
Vertraulichkeit und rechtliche Rahmenbedingungen	

Die Termine müssen verbindlich und detailliert vorgegeben werden, damit der Gesamtablauf zur Inbetriebnahme von beiden Parteien geplant werden kann. Siehe dazu auch Beispieltabelle im nachfolgenden Unterkapitel *Angebote einholen*.

6.2 Angebote einholen

Das erstellte Pflichtenheft bildet die Grundlage für die Auswahl Ihres künftigen Systems. Dazu müssen Sie jedoch zuerst wissen, an wen Sie ihr Pflichtenheft senden. Es gibt unterschiedliche Quellen, die Übersichten von Anbietern führen. Wir empfehlen Ihnen zuerst nach branchenüblichen Softwareanbietern bzw. Anbietern mit Referenzen in Ihrer Branche zu suchen. Dies kann über Branchenverbände oder etablierte Unternehmen in Ihrer

Branche erfolgen. Die Anbieter müssen über Produkte für Ihre geplante Unternehmensgröße verfügen.

Um Ihre Suche zu unterstützen, gibt es eine Reihe von Anbieterlisten. Dort sind ebenfalls meistens Branchenschwerpunkte und Unternehmensgrößen der Zielgruppen hinterlegt. Hier eine Auswahl von online verfügbaren und damit meist aktuellen Anbieterlisten:

1. Die Webseite der Cebit verfügt über eine sehr gute Suchfunktion unter allen Ausstellern der Messe: **http://www.cebit.de**.

2. In der Schweiz bietet die Orbit eine gute Marktübersicht, zur Messe 2006 leider nur noch nicht im Internet: **http://www.orbit-iex.ch**.

3. Eine sehr gute Auflistung von ERP-Software bietet **http://www.topsoft.ch**.

4. Informationen und Marktübersichten zu Software für CRM und Vertrieb erhalten Sie sehr gut bei **http://www.acquisa.de**.

5. Informationen und Anbieter auf der Webseite der Messe Systems aus München: **http://www.systems.de**.

Aktuelle Hinweise finden Sie auch unter **www.it-fuer-unternehmensgruender.de** Wählen Sie nicht zu viele Unternehmen aus, da Sie die Angebote nachher auch bewerten müssen. Da Sie damit rechnen müssen, dass einige Anbieter kein Angebot abgeben, dürfen es auch nicht zu wenige sein. Mit sechs bis acht Anbietern liegen Sie wohl richtig.

Hinweis

Rufen Sie die Anbieter, die Sie planen anzufragen, vorab an und erkundigen Sie sich über Angebotsmodalitäten. Sprechen Sie den dortigen Mitarbeiter auf Ihre Situation an und erkundigen Sie sich, ob sein Angebot zu Ihren Anforderungen – zumindest auf den ersten Blick – passt. Damit sortieren Sie bereits erste unpassende Anbieter aus.

Schreiben Sie dann die Unternehmen an und senden Sie Ihnen das Pflichtenheft zu. Ihr Anschreiben sollte folgende Punkte beinhalten:

- Kurzbeschreibung der Situation
- Aufforderung zur Angebotsabgabe

- Inhalte des Angebotes
- Termin für Abgabe des Angebotes
- Vorläufiger Zeitplan bis zur Einführung
- Bitte um Angabe von Referenzen
- Ansprechpartner für Rückfragen
- Evtl. für Sie besonders hervorzuhebende Besonderheiten

Kommunizieren Sie frühzeitig einen genauen und verbindlichen Zeitplan, an den sich die Anbieter halten müssen (Tabelle 10). Es sollte auch keine Kommunikation außerhalb der Aushändigung des Pflichtenheftes sowie der schriftlichen Fragerunde erfolgen. Das fördert die Chancengleichheit und ermöglicht allen Beteiligten ein konzentriertes Arbeiten ohne viele Verkaufsbemühungen der Anbieter.

Vorgang	Dauer	Verant-wortlich
Versand Pflichtenheft an die ausgewählten Anbieter (= Long List)	-	Unternehmen
Einreichung von Rückfragen zur Ausschreibung per Email (siehe unten)	1. und 2. Woche	Anbieter
Schriftliche Beantwortung der eingereichten Fragen an alle Anbieter	3. Woche	Unternehmen
Einreichung der Offerten	4. Woche	Anbieter
Benachrichtigung der Anbieter über Ergebnis der ersten Vergleichsrunde (2 bis max. 3 Anbieter kommen weiter auf die short list, die anderen wollen eine Begründung zum Ausschluss)	5. und 6. Woche	Unternehmen
Briefing der Anbieter der Short List über das weitere Vorgehen, Einladung zum Präsentationsworkshop	7. Woche	Unternehmen
Präsentationsworkshops der Anbieter beim Unternehmen (Dauer je 0,5 bis 1 Tag)	8. und 9. Woche	Unternehmen und Anbieter

Vorgang	Dauer	Verant-wortlich
Entscheidungs- und Verhandlungsphase (sollte auf keinen Fall unter starkem Zeitdruck erfolgen, damit sowohl die Inhalte, als auch die Konditionen der Verträge für beide Parteien eindeutig und akzeptabel sind)	10. bis ca. 14. Woche	Unternehmen und Anbieter
Bekanntgabe Ergebnis	ca. 15. Woche	Unternehmen
Gesamtdauer der Evaluation	**3 bis 4 Monate**	

Tabelle 10: Zeitplan der Anbieterauswahl

Es werden nun sicher einige Rückfragen der Anbieter auf Sie zukommen, zu deren Beantwortung Sie sich ausreichend Zeit nehmen sollten. Einen Anbieter, der keine Rückfragen stellt, können Sie fast schon für die Vergabe Ihres Auftrages aussortieren. Es sei denn, Ihr Pflichtenheft beinhaltet wirklich alle Eventualitäten eines künftigen Systems.

6.3   Angebotsvergleich und Vorauswahl

Trotz der Vorgaben aus dem Pflichtenheft versuchen die Anbieter in der Regel über Preisgestaltungen, Lizenzmodelle, Leistungsgestaltungen etc. direkte Vergleiche zu erschweren.

Spätestens hier zeigt sich, wie genau Sie Ihre Vorgaben im Pflichtenheft formuliert haben.

Hinweis

Ihre Systemanforderungen sollten in einem vorgegebenen Antwortkatalog 1:1 beantwortet werden, damit Sie die verschiedenen Antworten in einem strukturierten Raster vergleichen können. Zudem sollten Sie unbedingt Struktur und Inhalte des Angebotes vorgeben. Somit bewerten Sie zwei Dokumente des Anbieters: Antwortkatalog und Angebot. Dies sollten Sie auch den Teilnehmern an der Ausschreibung mitteilen.

Punktesystem

Damit Sie Ihre Entscheidung möglichst neutral fällen können, geben wir Ihnen ein Punktesystem an die Hand, an dem Sie sich orientieren können. Es lässt über eine Gewichtung noch ausreichend Gestaltungsspielraum, um eigene Präferenzen dort unter zu bringen.

Das Punktesystem basiert hauptsächlich auf den Größen:

- Erfüllung der Anforderungen
- Preise und Konditionen
- Notwendige Infrastruktur
- Anbieterprofil/Referenzen
- Qualität des Angebotes

Ein wichtiges Indiz für die Qualität des Anbieters liefert auch die Form, Vollständigkeit sowie Pünktlichkeit der Abgabe des Angebotes. Wenn der Anbieter das Angebot bereits nicht zum gewünschten Termin erstellt, wird er vielleicht mit der pünktlichen Einrichtung des Systems ebenfalls überfordert sein. Daher haben wir auch die Qualität des Angebotes als Kriterium aufgenommen.

Diese Kriterien bewerten Sie nun nach ihrer Wichtigkeit mit einem Faktor zwischen 1 (geringe Bedeutung) und 3 (hohe Bedeutung) je nach ihrer Relevanz für die Auswahl.

Wir empfehlen die nun folgende Auswahl in zwei Schritten vorzunehmen. Sie bewerten zuerst die Erfüllung der Anforderungen und kommen so auf eine erste verkürzte Liste, bei der Sie auf die Unternehmen verzichten, die weit entfernt von der angeforderten Leistung liegen.

Danach bewerten Sie die Anbieter nach oben aufgeführten Kriterien und vergeben pro Kriterium eine Zahl zwischen 1 (geringe Erfüllung) und 5 (hoher Erfüllung). In jedem Feld steht nun der von Ihnen bewertete und mit dem Faktor des Kriteriums multiplizierte Wert. Verdeutlicht wird dies am Beispiel in Tabelle 11.

Status	Gewichtung	Anbieter 1		Anbieter 2		Anbieter 3	
		ungewichtet	gewichtet	ungewichtet	gewichtet	ungewichtet	gewichtet
Erfüllung der Anforderungen	*3	4	12	3	9	3	9
Preise und Konditionen	*3	3	9	4	12	2	6
Notwendige Infrastruktur	*1	5	5	4	4	5	5
Anbieterprofil/ Referenzen	*2	3	6	2	4	3	6
Qualität des Angebotes	*1	3	3	5	5	3	3
Summe			**36**		**34**		**29**

Tabelle 11: Beispiel für Auswahlmatrix für Anbieter (1 = geringe Erfüllung, 5 = hohe Erfüllung)

In diesem Beispiel liegen die beiden Anbieter 1 und 2 an der Spitze und würden für Sie in die weitere Auswahl kommen.

Selbstverständlich ist dies nicht die endgültige Auswahl. Es sollte Ihnen aber eine Richtung geben auf deren Basis Sie drei bis vier Anbieter zu Abstimmungs- bzw. Verhandlungsgesprächen einladen können. Diese sollten jedoch bestmöglich vorbereitet sein.

6.4   Anbietergespräche

Während Sie die Angebote verglichen haben, sind Ihnen sicher eine Reihe von Fragen aufgefallen. Notieren Sie diese und machen Sie sie zu einem Bestandteil der Gespräche. Erstellen Sie am besten eine anbieterindividuelle Liste der Fragen, die Sie gerne auch vorab zusenden können. Sie können sich auch ein bis zwei Fragen pro Anbieter heraussuchen und diese vorab beantworten lassen. Machen Sie dann die Qualität und die Geschwindigkeit der Beantwortung zum Bestandteil Ihrer Entscheidung.

*Ziele der Anbie-
tergespräche*

Folgende Ziele sollen mit den Anbietergesprächen erfüllt werden:

- Ein Gefühl für die Logik und Bedienung des Systems zu erhalten
- Einen ersten Eindruck des Dienstleisters vermitteln
- Preisverhandlungen vorzubereiten
- Das Angebot zu vervollständigen

Achten Sie bei der Einladung der Anbieter darauf, dass möglichst ein Vertreter des Herstellers der Software und ein Vertreter des Dienstleisters, der das System vor Ort installiert, betreut und die Schulungen durchführt, anwesend sind. Rechnen Sie daher eine ausreichende Vorlaufzeit ein.

*Demonstration
des Systems*

Eine Demonstration des Systems stellt einen der wichtigsten Bestandteile des Treffens dar. Sorgen Sie bei der Vorbereitung der Gespräche dafür, dass ausreichend Zeit dafür bleibt.

Wir schlagen die nachfolgend dargestellte Agenda vor (Tabelle 12).

	Musteragenda für Anbietergespräche		
	Inhalt	Dauer	Verantw.
1.	Gegenseitige Vorstellung der Personen und Unternehmen	15 min	Alle
2.	Präsentation des Angebotes	30 min	Anbieter
3.	Offene Fragen zu Pflichtenheft und Angebot	30 min	Alle
4.	Präsentation der Software	45 min	Anbieter
5.	Vorgehensmodell, Einführung des Systems, Anpassungen, Schulungen	30 min	Anbieter
6	Preisgestaltung und Rahmenbedingungen	15 min	Alle
7.	Verschiedenes, offene Fragen	15 min	Alle

Tabelle 12: Musteragenda für Anbietergespräche

Nach dieser Veranstaltung sollten Sie ein möglichst sicheres Gefühl haben, wie Sie die Anbieter einschätzen. Eine Ergänzung dazu liefert Ihnen die Erkundigung bei entsprechenden Referenzen. Diese Zeit müssen Sie sich unbedingt nehmen, insbesondere bei den Unternehmen, die nun in die enge Wahl kommen.

Hinweis

Beziehen Sie bei den Präsentationen der Anbieter, insbesondere bei der Demonstration des Systems, unbedingt die später mit der Betreuung und Bedienung des Systems betrauten Mitarbeiter mit ein. Sie sollten Ihnen auch eine Unterstützung bei der späteren Entscheidung geben, denn Ihre Mitarbeiter müssen hauptsächlich später mit dem System arbeiten und damit zufrieden sein.

6.5   Lösungsvergleich und Entscheidung

Nach den Angeboten und den Gesprächen, die Sie mit den Anbietern geführt haben, und nach eventuellen Rückfragen bei bestehenden Kunden konnten Sie sich ein abgerundetes Bild nicht nur über das Softwaresystem, sondern über die gesamte Lösung inklusive notwendiger Anpassungen, Einführungen und Schulungen machen.

Diese Gesamtlösung muss nun auch die Basis Ihrer Entscheidung ausmachen. Als Unterstützung geben wir Ihnen einen Fragekatalog an die Hand, an dessen positiven Beantwortungen Sie sich orientieren können.

Beispiele für Kriterien im Fragekatalog:

1. Passt das Konzept der Gesamtlösung zu Ihrem Unternehmen?

2. Ist die Lösung erweiterbar und skalierbar?

3. Beurteilt Ihr technischer Experte die eingesetzte Technologie des Anbieters sowohl als Stand-der-Technik als auch kompatibel zu ihren Systemen?

4. Waren Sie mit dem Gespräch mit den Anbietern zufrieden, wurden Ihre Fragen beantwortet?

5. Erschien Ihnen und vor allem Ihren Mitarbeitern die Bedienungsoberfläche des Systems verständlich?

6. Wurden Ihre Anforderungen an die Software im Standard abgebildet oder nur über Umwege oder Ergänzungen?

7. Verfügt der Anbieter über Referenzprojekte, die sowohl von Branche, dem Funktionsumfang der Lösung wie

auch der eingesetzten Technologie mit Ihnen vergleichbar sind?

8. Verfügt der Anbieter über kompetente und kooperative Ansprechpersonen, die Sie auch während des Projektes begleiten werden? Sichert der Anbieter Verfügbarkeit bestimmter Experten zu?

9. Verfügt der Anbieter über ausreichend eigene Ressourcen für Entwicklung und Betriebssupport?

10. Wie weit sind die Entfernungen vom Anbieter zu Ihnen, kann der Anbieter ggf. schnell und kostengünstig vor Ort sein?

11. Wie ist das Preis- / Leistungsverhältnis des Anbieters im Vergleich mit den Mitbewerbern zu beurteilen?

Neben den harten Faktoren Preis und Abdeckung der Anforderungen aus dem Pflichtenheft ergänzen weiche Faktoren den Entscheidungsprozess. Diese können Sie aus den Antworten des Fragekataloges ableiten.

Wir empfehlen, je zu einem Drittel

- Preis

- Abdeckung der Anforderungen aus dem Pflichtenheft

- Weiche Faktoren (Referenzen, Ansprechpartner, Oberfläche des Systems etc.)

in Ihre Entscheidung einzubeziehen. Vergeben Sie am besten wieder die Werte von 1 (geringe Erfüllung) bis 5 (hoher Erfüllung) für die einzelnen Themenblöcke. Der Anbieter mit der höchsten Summe sollte dann auch Kandidat Nummer eins für Sie sein. Beziehen Sie aber auf jeden Fall wie bereits erwähnt die verantwortlichen Personen mit ein. Der endgültigen Wahl sollten alle Beteiligten zustimmen.

6.6   Abschlussverhandlungen und Vertragsgestaltung

Um zur abschließenden Entscheidung zu gelangen, können Sie gegebenenfalls auch die verbleibenden Anbieter noch einmal einladen. Dies empfiehlt sich insbesondere, um die Konditionen abschließend zu verhandeln. Dabei sollten Sie darauf achten, dass alle entstehenden Kosten im Angebot enthalten sind. Ein Zeitplan mit den entscheidenden Meilensteinen ergänzt die Planung für die Umsetzung.

Falls mehrere Anbieter Ihre geplante Lösung liefern sollen, müssen die Abschlussverhandlungen aller Partner parallel verlaufen, damit Sie ohne Nachverhandlungen einzelner Lieferanten eine funktionsfähige Gesamtlösung kaufen können.

Vereinbaren Sie Vertragsstrafen bei Nichteinhaltung der Termine und achten Sie darauf, dass Sie die Ressourcen aufbringen können, welche von Ihrer Seite aus im Rahmen der Mitwirkungspflicht zur Umsetzung notwendig sind.

Während den Verhandlungen erweisen sich zusätzliche Schulungen, Einrichtungen oder Anpassungen des Systems als beliebte Verhandlungsmasse, bei denen die Anbieter in der Regel noch Bewegung zeigen.

Lizenz

Beim Kauf einer Software erhalten Sie ein eingeschränktes Nutzungsrecht. Die Art der Nutzung ist im Lizenzvertrag näher erläutert. Sie dürfen die Software installieren und nutzen, jedoch beispielsweise nicht weitergeben. Achten Sie auf einfache Erweiterbarkeit. Manche Hauptlizenz ist nur für einen Prozessor freigegeben. Wollen Sie später die Last auf mehrere Prozessoren verteilen, müssen sie zusätzliche Hauptlizenzen kaufen, was zu erheblichen sprungfixen Kosten führen kann.

Lizenzpakete

Häufig fassen die Anbieter Lizenzpakete mit begrenzten Userzahlen, Produkten oder Kunden zusammen. Dabei müssen Sie sehr detailliert nachhaken, welche Rechte damit verbunden sind, wie sich das auf Ihre mittelfristige Planung auswirkt und welche Kosten Sie bei Erweiterungen erwartet. Auch wenn solche Pakete sehr preisattraktiv, fast schon preisaggressiv angeboten werden, so sind sie inklusive Erweiterungskosten in der Regel nicht immer rentabel.

Vertragsarten

Sie werden feststellen, dass am Ende der Verhandlungen ein umfangreicher Vertrag zu unterzeichnen ist. In den meisten Fällen handelt es sich dabei um ein gemischtes Vertragsverhältnis, in dem Kauf, Dienstleistungen, Werkerstellung geregelt sind.

Oft entscheiden nur wenige Worte über den Vertragstypus. Je nach Typus sind die Rechte und Pflichten der Parteien unterschiedlich, was besonders im Streitfall weit reichende Konsequenzen hat.

Das Deutsche Recht unterscheidet im Rahmen des BGB eine Reihe von Vertragsarten, die bei einer Geschäftsbeziehung zum Einsatz kommen. Die wichtigsten sind der Kaufvertrag, der Dienstvertrag und der Werkvertrag. Sie unterscheiden sich hauptsächlich bei der Gewährleistung, den Besitz- und Eigentumsverhältnissen und der Form der Erbringung einer Leistung. Bitte beachten Sie aber auch die für Sie als Kaufmann verschärfenden Vorschriften des HGB. In Tabelle 13 finden Sie dies näher erläutert.

In der Schweiz ist es das Obligationen Recht (OR). Hier sind vor allem relevant: Art. 184ff OR der Kaufvertrag, Art. 253ff OR der Mietvertrag, Art. 394ff OR der Auftrag und Art. 363ff der Werkvertrag.

Bezeichnung	Gesetzliche Grundlage (BGB)	Inhalt
Kaufvertrag	§§ 433ff	Veräußerung von Sachen oder Rechten gegen Geld
Mietvertrag	§§ 535ff	Vermieter verpflichtet sich, dem Mieter eine Sache zum Gebrauch gegen Zahlung eines Entgelts zu überlassen
Dienstvertrag	§ 611	Verpflichtung zur Leistung einer bestimmten Tätigkeit gegen Zahlung der vereinbarten Vergütung
Werkvertrag	§ 631	Verpflichtung zur Lieferung eines bestimmten Arbeitsergebnisses (des Werkes) gegen Zahlung der vereinbarten Vergütung

Tabelle 13: Vertragsarten

7 Die Einführung von Systemen

Die Einführung eines neuen Systems in eine Organisation ist durch drei wesentliche Merkmale geprägt:

- Gleichzeitig zu den laufenden Prozessen und neben bestehenden Organisationsstrukturen findet im Unternehmen ein **Projekt** statt, ein geordnetes Vorgehen, das durch seine Einmaligkeit gekennzeichnet ist und in dieser Art und Weise nie wieder in diesem Unternehmen vorkommen wird.

- Durch dieses Projekt wird eine **Veränderung** stattfinden, die einen oder mehrere Prozesse tangiert und die Konsequenzen für das Verhalten und die Umgebung der Mitarbeiter haben kann.

- Es wird ein Nachher und ein Vorher geben, und Sie als Unternehmer werden nachweisen müssen, dass die neue Situation als eine Verbesserung für ihr Unternehmen gesehen werden kann. Sie müssen also nach **betriebswirtschaftlichen Kriterien** vorgehen und das Ganze planen, steuern, kontrollieren und Ihren Nutzen messen.

Während wir bisher in diesem Buch über Prozesse und Prozessmanagement gesprochen haben, werden wir uns nun den **Projekten** und dem **Projektmanagemen**t widmen.

Zunächst stellen wir Ihnen die für Sie als Unternehmensleiter relevanten Themen bei der Durchführung von Projekten vor, um diese dann am Beispiel der Einführung eines ERP-Systems zu erläutern und zu vertiefen.

7.1 Grundzüge des Projektmanagements

Die Literatur zum Thema Projektmanagement ist in den letzten Jahren stark angewachsen und kaum zu überschauen. Die meisten von uns werden sicher auch schon einmal als Teammitglied oder als Leiter in einem Projekt mitgearbeitet haben.

Die Rolle des Auf-
traggebers

Für Sie als Unternehmer und Auftraggeber ist es von entscheidender Bedeutung, Ihr Projekt stets unter Kontrolle zu behalten. Daher werden wir hier nicht die bestehende Literatur aufbereiten, sonder nur auf die Dinge eingehen, die uns für Sie als Unternehmer und Auftraggeber des Projektes wichtig erscheinen. Bei dieser Zusammenstellung werden stets die Besonderheiten eines IT-Projektes berücksichtigt.

Falls sie sich tiefer mit dem Projektmanagement beschäftigen wollen, empfehlen wir Ihnen als Einstieg den Artikel über Projektmanagement von **www.wikipedia.org** und die dort erwähnte Literatur.

Weiterführende
Literatur

Als Werkzeug zur Führung und Kontrolle eines IT-Projektes empfehlen wir erfahrenen wie auch unerfahrenen Projektleitern einmal die Internetseiten der Schweizer Bundesverwaltung. Hier finden Sie unter **www.hermes.admin.ch** wirklich alles, was Sie an Vorlagen und Dokumentbeispielen zur formellen Projektführung eines IT-Projektes brauchen (natürlich in den drei Amtssprachen und meistens auch in der "IT-Landessprache" Englisch). Wahrscheinlich wird das, was Sie sich hier herunterladen können, Sie von der Menge her fordern. Wir versichern Ihnen aber, dass Sie viel Zeit sparen können und die Qualität des Projektes erhöhen werden, wenn Sie vorher hier vorbeischauen und vor allem selektiv das heraussuchen, was Sie wirklich benötigen.

Hinweis

Ganz besonders ans Herz legen möchten wir Ihnen den "Hermes Manager Pocket Guide", den Sie kostenlos herunterladen können. Der Hermes Manager ist ein offener Standard der Schweizerischen Bundesverwaltung und zur Verwendungen zum Eigengebrauch vergütungsfrei gestattet. Er richtet sich besonders an die Zielgruppe der Führungskräfte und Auftraggeber und kann Ihnen mit allen seinen Checklisten als wertvoller Helfer dienen.

Im Weiteren werden auch wir uns an dieses Vorgehensmodell halten.

Die Elemente eines Projektes

Mit jedem Projekt wird eine **Veränderung** des gegenwärtigen Zustands angestrebt. Wir unterscheiden bei der Einführung von Unternehmens-IT

- **Muss-Projekte**
- **Wirtschaftlichkeitsprojekte**
- **Strategische Projekte**

Ihnen als Unternehmensleiter fällt die Aufgabe zu, die Projekte zu priorisieren und am Zielsystem des Unternehmens auszurichten, sowie Ihre Wirkung in Bezug auf das Gesamtunternehmen zu überwachen. Sie müssen das Risiko, das Sie mit dem Projekt eingehen, kennen und die notwendigen Mittel und Mitarbeiter dazu bereitstellen können.

Im Unternehmen verfolgen alle Projekte immer gleichzeitig

- **Sachziele**
- **Kostenziele**
- **Terminziele**

Um diese Ziele zu erreichen weist jedes Projekt eine **Projektorganisation** auf. Sie besteht immer aus

- einen **Auftraggeber** oder Sponsor
- einen **Projektleiter**
- **Projektmitarbeiter**

Stakeholder

Zu jedem Projekt gehören aber auch die **Projektbetroffenen** (Stakeholders), die innerhalb oder außerhalb der Projektorganisation zu finden sind. Sie können dadurch beschrieben werden, dass sie ein positives oder negatives Interesse am Resultat oder der Art der Durchführung des Projektes haben. Durch ihr Verhalten können sie das Projekt erheblich beeinflussen, aber auch stören oder gar verunmöglichen.

Hinweis

Die Analyse des Verhaltens der Stakeholder gehört zwingend mit zur Projektführung. Eine Mitwirkung der Stakeholder in angemessenem Umfang am Projekt erhöht meist die Akzeptanz der Ergebnisse.

Die Phasen eines Projektes

Ein Projekt weist immer einen klaren **Anfang** und ein klares **Ende** auf und durchläuft standardmäßig **Phasen** in einer definierten Reihenfolge, bei denen Sie als Unternehmer oder Unternehmensgründer als **Auftraggeber** des Projektes unterschiedlich stark operativ involviert sind (Abbildung 21).

Diese Phasen, die ein Projekt durchläuft, sind:

1. **Initialisierung**
2. **Voranalyse**
3. **Konzept**
4. **Realisierung**
5. **Einführung**
6. **Abschluss**

Für jede Phase wird festgelegt, **wer wie** (in welcher Weise) **was** erarbeitet. Darum müssen in einem Projekt immer klar

- die zu erbringenden **Ergebnisse**,
- das genaue **Vorgehen**, um diese Ergebnisse zu erreichen und,
- die den Mitarbeitern im Projekt zugewiesenen **Rollen**,

dargestellt werden.

Bei größeren Projekten ist es ratsam, diese in übersichtliche **Teilprojekte** mit dem Projektleiter zugeordneten **Teilprojektleiter** aufzuteilen und sie ebenfalls wieder vorher definierte und vom Projektinhalt bestimmte Phasen durchlaufen zu lassen.

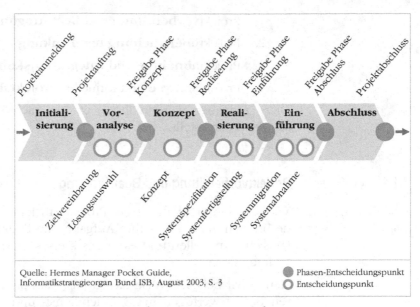

Quelle: Hermes Manager Pocket Guide,
Informatikstrategieorgan Bund ISB, August 2003, S. 3

● Phasen-Entscheidungspunkt
○ Entscheidungspunkt

Abbildung 21: Die Phasen eines Projektes

Meilensteine

Immer am Ende jeder Phase steht ein **Phasenmeilenstein** (Phasenentscheidungspunkt), der zu erreichen ist. Weiterhin sollten Sie immer dort einen **Meilestein** (Entscheidungspunkt) definieren, wo Sie wichtige Weichenstellungen erwarten oder Grundlagen stimmen müssen, damit Sie weiter fortfahren können.

Beispiel

Beispielsweise bei der Einführung einer einzelnen Applikation als Teilprojekt im Rahmen eines Gesamtprojektes zur Einführung eines größeren Systems könnten das die folgenden Meilensteine sein:

- Abschluss **Pflichtenheft**
- Abschluss **Konzept**
- Abschluss **Implementierung der Applikation**
- Abschluss **Integration in das Gesamtsystem**
- Abschluss **Tests und Korrekturen**
- Abschluss **Abnahme**

Die Rolle des Unternehmensleiters als Auftraggeber

Um Ihre Rolle als Auftraggeber oder Sponsor eines Projektes nachzukommen, müssen Sie in dessen Laufe vier unterschiedliche Aufgabenbündel bewältigen. Dies sind die

1. Projekt**vorbereitung** und **Beauftragung**

2. Projekt**überwachung** und **Lenkung**

3. Projekt**abnahme** und **Integrationskontrolle**

4. Projekt**analyse** und formeller **Projektabschluss**

Diese Aufgaben werden Ihnen in den nachfolgenden vier Abschnitten dargestellt.

7.1.1   Projektvorbereitung und Beauftragung

Effizienz und Effektivität

Während ein Projektleiter ein Projekt effizient führen und zu Ende bringen muss, ist es Ihre Aufgabe, die Effektivität des Projektes sicher zu stellen und es in das Zielsystem des Unternehmens zu integrieren.

Gehen wir beispielsweise davon aus, dass Sie über einen mittleren Betrieb verfügen mit 3 Innendienst- und 12 über das Land verstreuten Außendienstmitarbeitern. Sie erhalten täglich 30 Anfragen von Kunden und führen 2500 Kundenbesuche durch. Hier könnte für Sie die Einführung eines CRM-Systems angebracht sein.

Beispiel

Ihr Ziel als Unternehmer kann es nicht sein, ein CRM IT-System einzuführen. Ein CRM IT-System könnte ein Mittel zum Zweck sein, um Ihre unternehmerischen Ziele zu erreichen. Was Sie möchten, ist beispielsweise im nächsten halben Jahr:

- Ihren Aufwand für die Kundenbetreuung bei gleichem Umsatz und Betreuungsqualität um 20 % zu senken.

- Potentielle Neukunden besser zu betreuen und die Neukundenquote um 30 % erhöhen.

- Die Zusammenarbeit zwischen Innendienst und Außendienst zu verbessern, damit die Kundenzufriedenheit um 15 % steigt und die Beantwortung von Anfragen um 70 % schneller wird.

Damit Sie nun diese Unternehmensziele erreichen können, möchten Sie ein geeignetes IT-System einsetzen, das Ihre Mitarbeiter bei der Erreichung der Ziele unterstützt.

Umsetzung der Vision

Hier werden Sie nun nicht gleich ein Projekt in Auftrag geben, ein CRM-System einzuführen, sondern erst einmal eine **Vorstudie** initiieren. Als ersten Schritt müssen Sie die Transformation einleiten, die Ihre **Vision** von einem optimierten Unternehmen in einem klaren **Projektauftrag** konkretisiert, damit mit einer geordneten Veränderung der heutigen Situation begonnen werden kann.

Ob Sie diesen Schritt nun als separate Vorstudie betrachten oder als ersten Schritt des ganzen Projektes (Initialisierungsphase) hängt von Ihnen ab und auch wie sicher Sie sind, dass Sie ein solches Projekt wirklich zum jetzigen Zeitpunkt gebrauchen können.

Hinweis   Wichtig ist, dass Sie sich offen halten, das Projekt jeder Zeit stoppen oder ändern zu können.

Wenn Sie diese Vorstudie / Phase nicht selber durchführen wollen, brauchen sie einen **Projektleiter**, der dies für Sie managt. An dieser Stelle brauchen Sie natürlich noch nicht entscheiden, ob dieser Projektleiter auch der Projektleiter für das spätere Realisierungsprojekt oder die späteren Phasen werden wird.

Hinweis   Sie aber haben eine hervorragende Gelegenheit zu testen, ob er geeignet ist und ob Sie mit ihm zusammenarbeiten können.

Anforderungen an einen Projektleiter

In der Literatur wird gefordert, dass ein Projektleiter

- Fachwissen (hier beispielsweise CRM- / IT- und Vertriebsfachwissen),
- Führungs- und Sozialkompetenz sowie
- Methodenwissen im Projektmanagement

mitbringen soll.

Den Erfolg eines Projektes können Sie aber noch wesentlich erhöhen, wenn Ihr Projektleiter auf viel praktische Erfahrung in Positionen ähnlicher Art verweisen kann, Ihre Branche kennt und Sie versteht und "spürt".

Ziele der Vorstudie

Ziel der Vorstudie ist es, Sie in die Lage zu versetzen,

- einen konkreten **Projektauftrag zu formulieren** und
- das kommende Projekt in seiner ganzen **Tragweite** abschätzen zu können.

Im Einzelnen werden Sie dem Projektleiter ihre Vision verständlich machen und Ihre Zielvorgaben erläutern, dann werden Sie Ihm hier in unserem Beispiel folgende Aufgabe stellen.

Beispiel

"Bringen Sie mir in drei Wochen Antworten auf die Fragen:

- Wie sehen unsere Prozesse im Vertrieb heute aus, wo sind Einsparungen möglich, wo Konflikte und Problemzonen?

- Wie wird der Vertrieb in 3 Jahren aussehen müssen?

- Welche Bereiche lassen sich automatisieren oder mit Systemen unterstützen?

- Ist ein CRM-System ein geeignetes System, um die erstrebten Ziele zu erreichen? Gibt es Alternativen?

- Welche Konsequenzen hätte die Einführung eines CRM-Systems auf zukünftige Abläufe und Prozesse?

- Wie sieht die ROI- Rechnung im Überschlag aus?

- Wie ist das Projekt finanzierbar?

- Welche Mittel sind erforderlich und welche Alternaiven gibt es?

- Werden durch ein neues System Prozesse möglich, die bisher noch nicht durchgeführt wurden, und machen diese einen Sinn für unser Unternehmen?

- Welche anderen Systeme würden mit einer Einführung eines CRM-Systems tangiert?

- Welche Mitarbeiter und Rollen sind involviert, welche tangiert?

- Mit welchem Umstellungsaufwand ist zu rechnen?

- Was ist ein realistischer Zeitrahmen für das Projekt?

- Welche Entscheidungspunkte und Meilensteine sind im Projektablauf sinnvoll?

- Mit welchen Migrationsaufgaben ist zu rechnen?

- Wer sind unsere Stakeholder und mit welchen Widerständen von welcher Seite ist bei einem zukünftigen Projekt zu rechnen?

- In wie weit wird das laufende Geschäft tangiert?

- Welche organisatorischen Änderungen wird das Projekt mitbringen?

- Muss dem Risikomanagement besondere Aufmerksamkeit geschenkt werden?

- Welcher Dokumentationsaufwand ist dem Projekt angemessen und welcher Grad an formalisiertem Ablauf ist notwendig"

Entscheidungs-
punkt

Sie werden nun mit Ihrem Projektleiter die Ergebnisse Revue passieren lassen und bewerten. Für den Fall, dass Sie zu dem Schluss kommen, dass ein CRM-System das Richtige für Sie ist, werden Sie ihn bitten, den **Projektauftrag** auszuformulieren und Ihnen das Konzept vorzulegen.

In der Zwischenzeit müssen sie sich folgende Gedanken machen:

- **Wer gehört in den Projektausschuss**? **(PAS)** Das sind Personen, die Ihnen bei der Überwachung des Projektes helfen können und solche, die für das Projekt Ressourcen liefern oder Mitarbeiter freistellen. Das kann auch ein Vertreter aus der Geschäftsleitung des Lieferanten sein, der Ihnen das System installiert. Der Projektausschuss sollte so zusammengesetzt sein, dass er immer als oberstes **Eskalations- und Entscheidungsorgan** arbeitsfähig ist.

- **Wer wird Projektleiter?** Mit dieser Entscheidung steht und fällt das Projekt. Während der Vorstudie sollten Sie darum alle Augen offen halten, um wirklich sicher zu sein, wen Sie zum Schluss auswählen.

- **Welche Mitarbeiter müssen im Projekt eingesetzt werden?** Oft ist es so, dass die Mitarbeiter, die sich ohnehin schon sehr in den täglichen operativen Prozessen einsetzen und dort Leistung und Engagement zeigen, auch diejenigen sind, die man gerne im Projektteam sehen würde. Hier müssen sie zusammen mit dem künftigen Projektleiter, den Prozessvorgesetzen und den Mitarbeitern selber einen Weg suchen und vereinbaren.

- **Wie soll mit den Stakeholder umgegangen werden?** Es sind nie alle Ihrer Meinung und folgen Ihnen bedingungslos. Jeder, der potentiell dem Vorhaben Widerstand leisten könnte, muss berücksichtigt und ins Boot geholt werden. Führen Sie diese **Stake Holder-Analyse** zusammen mit Ihrem künftigen Projektleiter durch und wiederholen Sie sie häufig während des Projektes. So können Sie besonders die Probleme frühzeitig erkennen, die auf der menschlichen Ebene angesiedelt sind, aber auf der Sachebene ausgefochten werden. Analysieren Sie insbesondere, wer außer Ihnen noch bedingungslos hinter diesem Projekt stehen muss, wer die internen Meinungsmacher sind und wer durch das Projekt vermeintlich oder real negative Auswirkungen zu ertragen hat.

- **Wie muss die Kommunikation gemanagt werden?**
  Fragt man erfahrene Projektleiter, was die wichtigsten Garanten für ein gutes Projekt sind, dann hört man oft "der Support des Managements" und "eine offene und gute Kommunikation im Vorfeld". Nichtwissen und Missverständnisse erzeugen Widerstand. Wenn diese schon vorher ausgeräumt werden können, ist es viel einfacher für das Team, sich auf die Sacharbeit zu konzentrieren.

Der Projektauftrag

Der Projektauftrag ist Ihr initialer Input, um das Projekt zu starten. Es ist ein **Willensakt** des Auftraggebers, der so klar abgefasst sein muss, dass Dritte ihn eindeutig interpretieren und den Auftrag zu Ihrer Zufriedenheit ausführen können.

Die gemeinsame Sprache finden

Daneben ist es wichtig, dass ein gemeinsames Verständnis für die Ausgangslage geschaffen wird, um für die Beteiligten ein gemeinsames Orientierungssystem, besser noch eine gemeinsame Sprache zu kreieren.

Zu den Dingen, die Sie in diesem Zusammenhang dokumentieren und kommunizieren, gehören:

- Beschreibung der jetzigen Situation
- Gründe und Anlässe zu der Veränderung
- Gewünschter Endzustand
- Übergeordnete Unternehmensziele
- Einzelzielsetzungen und Leistungserwartungen
- Restriktionen, Tabus, Begrenzungen, Abhängigkeiten und Vernetzungen
- Involvierte und betroffene Systeme und Mitarbeiter
- Projektorganisation, Beteiligte und ihre Rollen
- Bereitzustellende Ressourcen

- Vorgesehene Work Arrounds, Provisorien, Verstärkungen während des Projektes

- Finanzielle Mittel und deren Bereitstellung

- Phasen und Abbruchkriterien

- Definition der Entscheidungspunkte

- Festlegung des Risikomanagements

- Rahmenbedingungen für Service Agreements mit Dritten

- Dokumentations- und Reportingsystem

- Zeitrahmen und Steuerungsmechanismen

- Kommunikationspolitik

- Qualitätssicherung und Abnahmeverfahren

- Überführung in den operativen Betrieb

- Begleitende Maßnahmen zum Veränderungsprozess bei den Mitarbeitern

Wichtig

Wir sind uns bewusst, dass auch ein Projektauftrag lebt und dass im Laufe des Projektes sich Erkenntnisse einstellen, die eine Abänderung notwendig machen. Auch wenn eine Abänderung des Auftrages ein Projekt unter Umständen aus einer Sackgasse herausholen kann, ist hier doch äußerste Vorsicht geboten. Kaum etwas ist für die Beteiligten frustrierender und für den Projektleiter schwieriger zu managen als die berühmten "**Moving Targets**". Aus diesem Grunde hat es sich auch bewährt, Änderungen in den Spezifikationen nur zu bestimmten Zeitpunkten einfließen zu lassen und in den Zwischenzeiten, wo an deren Realisierung gearbeitet wird, die Spezifikationen "einzufrieren". Verwenden Sie genug Zeit und Sorgfalt bei der Erstellung Ihres Projektauftrages.

7.1.2　Projektüberwachung und Lenkung

Die Projektüberwachung fällt Ihnen zu. Sie können sich dabei von einem **PAS (=Projektausschuss)** unterstützen lassen.

Wichtig ist das Vorhandensein eines Kontroll- und Berichtswesens, das alle Bereiche des Projektes umfasst.

Hinweis

Sie sollten unbedingt nicht nur die vermeintlich sachlichen Aspekte überwachen, sondern mit der gleichen Aufmerksamkeit die Stimmung bei den Mitarbeitern und den anderen Stakeholdern messen.

Es hat sich bei Projekten bewährt, vorher festgelegte, **formale Prozesse** der

- Berichterstattung,

- Risikobeurteilung,

- Abnahmen,

- Phasenfreigabe,

- Änderung,

- Genehmigung,

- Pflichtenheftfixierung,

- Mittelverendung,

- usw.

zu befolgen und deren Ergebnisse zu dokumentieren.

Hinweis

Diese Dokumente sollten dann vom eigenen und vom externen Projektleiter unterschrieben werden. In Konfliktfällen dienen diese dann als wichtige Unterlagen, die Ihnen das Leben erleichtern werden. Sie werden so für beide Parteien zu einem Vertragsbestandteil. Fordern Sie die Zusammenstellung aller wichtigen Dokumente in einem physischen Projektordner, der für alle Mitglieder des PAS ständig aktualisiert wird.

Wir empfehlen Ihnen, das Rad nicht noch einmal zu erfinden, sondern sich Vorgehensschemata und Dokumentvorlagen, die Sie brauchen, bei den oben angegebenen Internetadressen zu besorgen und auf die eigenen Bedürfnisse anzupassen.

Projektkosten und Projektaufwände

Wir haben, als wir den Projektauftrag diskutierten, schon davon gesprochen, dass sich der Auftrag im Laufe des Projektes ändern kann. Ein sich ändernder Auftrag hat auch immer Einfluss auf die Kosten. Je besser Sie Ihre Kosten im Vorfeld geplant haben, je genauer können Sie dann auch die Kosten bei einer Projektänderung abschätzen.

Leider werden immer noch häufig nur die mehr oder weniger sichtbaren Kosten in die Kalkulation mit einbezogen. Besonders die Kosten

- der interner Mitarbeiter,

- des Management,
- der indirekt Betroffenen,

und Folgekosten durch

- Störungen,
- Demotivation,
- Doppelarbeit,
- verloren gegangene Geschäfte,
- das Projekt induzierte Überstunden in anderen Unternehmensbereichen
- etc.

sind oft schwer zu fassen und werden vernachlässigt. Häufig sind Sie hier auf Schätzungen angewiesen.

Hinweis

Wenn Sie bei der Einführung einer neuen Software die externen Kosten verdoppeln und dazuzählen, übertreiben Sie sicher nicht bei der Abschätzung der Gesamtkosten.

Zusatzkosten durch Auftragsänderungen im Projekt können Sie nur durch eiserne Disziplin, formales Vorgehen, strikte Überwachung, übersichtliche Schritte mit klaren Vorgaben und vor allen Dingen mit Zeitmanagement entgegen wirken. So banal es auch klingen mag: Zeit ist Geld, besonders im Projekt.

Hinweis

Die Erfahrungen haben gezeigt, dass lange Projekte, und solche ohne strenges Zeitmanagement überproportional höhere Kosten verursachen als kurze und zeitlich straff geführte. Unterteilen Sie daher lange Projekte in Phasen oder fügen Sie verbindliche Meilensteine ein, die jeweils mit bestimmten Ergebnissen abzuschließen und vom PAS abzunehmen sind. Eine Projektphase sollte selten länger als drei Monate dauern.

7.1.3 Projektabnahme und Integrationskontrolle

Ein Projekt im Unternehmen dient niemals sich selber, sondern einem übergeordneten Unternehmensziel. Was nützt es Ihnen, wenn Sie beispielsweise auf die professionellste Einführung eines CRM-Systems stolz sein können, aber keiner Ihrer Mitarbeiter das System gebraucht und die angestrebten Einsparungen oder die geplante Effizienzsteigerungen nicht realisiert werden.

Auch die Integration in den laufenden Betrieb erfordert die gleiche Aufmerksamkeit wie das Projekt selbst, und es werden immer noch finanzielle Mittel und Personalressourcen erforderlich sein. Dies betrifft vor allem die Aufwände für Anpassungen, Korrekturen, organisatorische Veränderungen und Schulungen.

Es wird häufig die Frage gestellt: "Wann ist ein Projekt fertig?" Für den Projektleiter, besonders für den externen, ist diese Frage einfach zu beantworten. Es ist dann fertig, wenn der Auftrag erledigt ist, und die Leistung vom Auftraggeber als erbracht angesehen wird.

Hinweis   Sie als Unternehmer müssen sich genau überlegen, wo Sie die Grenze zwischen Projekt und Tagesmanagement durch Sie und Ihre Linienvorgesetzten ziehen wollen.

Wichtig ist, dass Sie diese Grenze so klar wie möglich festlegen und offiziell kommunizieren, da hier für den Erfolg des Projektes ein entscheidender Phasenübergang stattfindet. Viele sinnvolle Projekte sind schon auf der Zielgeraden ins Leere gelaufen, weil sich am Ende keiner mehr für die Integration in das Tagesgeschäft zuständig fühlte und diesen heikelsten Teil des Veränderungsprozesses durchsetzte und überwachte.

7.1.4   Projektanalyse und formeller Abschluss

Der formelle Abschluss eines Projektes ist nicht gleichzusetzen mit der letzten Projektabnahme. Wie bei einem Hausbau kann Nachbesserungsbedarf auftreten, und die Aufräumarbeiten beanspruchen auch noch einige Zeit. Häufig treten auch schon recht bald nach der Übergabe an die Mitarbeiter in den Linienfunktionen auf Grund der Realitäten des Tagesgeschäftes sinnvolle Änderungswünsche auf, die weiter verfolgt werden sollten oder müssen.

Hinweis   Nachbesserungsarbeiten, abschließende Dokumentationen oder Übergaben sind noch projektbedingt und sollten noch aus Projektmitteln und mit Projektressourcen bewältigt werden. Nur so können Sie die echten einmaligen Kosten und Aufwand genau von den betrieblichen abgrenzen.

Neben diesen eher administrativen und organisatorischen Überlegungen zum Projektabschluss sollten Sie auch die Chance nutzen, mit allen Beteiligten zusammen das Projekt offen zu analysieren, um Erkenntnisse für zukünftige Projekte zu sammeln. Sie sollten es formell verabschieden und die Ergebnisse für alle sichtbar in die Hände der Linienverantwortung legen, denn diese steht nun in der Pflicht, die Investitionen in das Projekt zu amortisieren.

In jedem Projekt brechen Konflikte auf, es wird gestritten, gemeinsam werden Höhen und Tiefen durchschritten und Höchstleistungen vollbracht. Vor allem wird auch noch viel Wissen erzeugt und gelernt. Sie als Unternehmensleiter werden nicht darauf verzichten wollen, diese Energie und Erkenntnisse in offener Aussprache zu nutzten, um mit neuen Motivationen in das Tagesgeschäft oder ein neues Projekt zu gehen.

7.2   Basisüberlegungen für oder gegen die Einführung von ERP-Standardsoftware

Die Einführung eines, das ganze Unternehmen tangierenden ERP-Systems und die Migration des laufenden Geschäftes auf das neue System, gehört sicherlich zu den größeren Herausforderungen im Bereich der IT-Implementierungsprojekte. Nicht nur das Projekt selbst, sondern auch die Entscheidung für oder gegen das ganze Projekt oder einzelne Teilkomponenten daraus erfordert eine gründliche und professionelle Vorbereitung.

ERP – eine Lösung wofür?

Während früher die Integration von Prozessen und Daten an technischen Barrieren scheiterte, sind es heute vor allem wirtschaftliche Kriterien, die der Ausbreitung eines ERP-Systems im Unternehmen Grenzen setzen. Glaubt man den Anbietern von ERP-Systemen, dann ist fast alles durch eine ERP-Software steuerbar und alles in ein ERP integrierbar. Aber wollen Sie das? Ist dies wirtschaftlich? Was ist finanzierbar?

Vorstudie   Darum sind vor der Einführung eines ERP-Systems die wichtigsten Fragen:

- Ab wann lohnt sich ein ERP-System?

- Für welche Prozesse ist es sinnvoll, ein ERP einzusetzen?

- Wie viel ERP braucht es? Wo macht Integration wirtschaftlich Sinn?

- Wo fängt die ERP an, die Abläufe zu behindern, und wo führt sie zu unnötigen Kosten?

Mit diesen Fragen sollten Sie sich in einer Vorstudie befassen, noch bevor Sie mittels des in Abschnitt 7.5 vorgestellten Vorgehensmodells ein Projekt initiieren.

Die Alternative zu einem ERP-System sind Einzelsysteme, die einzelne Prozesse, wie beispielsweise Buchhaltung oder Einkauf, als Insellösung unterstützen. Bei dieser Lösung müssen Sie in Kauf nehmen, dass beispielsweise Stammdaten, wie hier die Lieferantenadressen zweimal – einmal im Buchhaltungssystem und einmal im Einkaufssystem – gehalten und gepflegt werden müssen. Ebenso müssen Bewegungsdaten wie Rechnungsinformationen in beide Systeme eingegeben werden. Die Nachteile in Bezug auf Arbeitsaufwand, Datenhaltung und Fehlermöglichkeiten sind offensichtlich. Eine Integration beider Systeme wäre technisch eleganter – aber lohnt es sich auch wirtschaftlich? Denn ein ERP-System ist komplex, fordert hohe Anschaffungs- und Unterhaltskosten.

Um hier eine Antwort zu geben, sind zwei Elemente im Unternehmen entscheidend

- **die Prozessgestaltung**
- **das Mengengerüst**

Beispielhafter Unternehmensvergleich

Beispiel 1

Um dies zu verdeutlichen möchten wir wieder auf das Beispiel des Zusammenwirkens von Einkauf und Buchhaltung zurückgreifen und von zwei Unternehmen gleicher Größe, der gleichen Branche und Kundenstruktur ausgehen. Beide Unternehmen beschaffen mehre hundert verschiedene Teile pro Tag und leiten diese an ihre Kundschaft weiter.

Unternehmen 1 hält intensiven Kontakt mit den Lieferanten und beschränkt sich auf einige wenige. Es handelt dadurch sehr günstige Gesamtrabatte aus. Die Lieferanten erstellen einmal pro Monat eine Sammelrechnung.

Unternehmen 2 bedient sich auf dem freien Markt und wechselt seine Lieferanten je nach geforderter Menge und günstigstem Tagespreis und versucht seine Marge durch unterschiedliche Skonto- und Zahlungszielpolitik zu erhöhen.

Unternehmen 1 braucht vielleicht ein mittleres Einkaufssystem und gleicht einmal im Monat die Rechnungen der Lieferanten mit den Daten im System ab und gibt sie zur Bezahlung in die

Buchhaltung frei. Der Aufwand für die doppelte Führung der Stammdaten kann vernachlässigt werden.

Unternehmen 2 braucht hingegen ein starkes Einkaufssystem und eine sehr gute Anbindung des Buchhaltungssystems, da die Prozesse sehr eng miteinander verknüpft sind und täglich große Datenmengen anfallen, die von beiden Abteilungen verarbeitet werden müssen.

Beispiel 2

Ein industrielles Produktionsunternehmen mit 5 Mio. Euro Umsatz, mehreren Außendiensten, Lagern und Produktionsstätten muss am Markt flexibel auf Kundenwünsche reagieren. Wenige Tage nach der Erteilung eines mittleren Auftrages ruft der Kunde an, verdoppelt seine Bestellung und fragt nach einer Änderung des Liefertermins.

Im Unternehmen A

- nimmt der Verkaufssachbearbeiter im Innendienst die Anfrage entgegen.

- Er fragt die Buchhaltung, ob der Kunde ausreichend Kredit hat.

- Er leitet die Anfrage an die Produktionsplanung weiter.

- Die Produktionsplanung prüft die Kapazitäten und leitet die Anfrage an das Lagermanagement weiter.

- Das Lagermanagement prüft die Lagerbestände der Baugruppen.

- Es fragt beim Einkauf an, wann eine bestimmte Baugruppe in welcher Menge eintreffen wird.

Nachdem alle Beteiligten den Fall positiv beschieden haben und die Informationskette wieder bis zum Innendienstmitarbeiter geschlossen wurde,

- bestätigt der Innendienstsachbearbeiter dem Kunden den Auftrag.

- Dann ändert er den bestehenden Auftrag im System.

- Er informiert den zuständigen Außendienstbetreuer über den neuen Auftrag.

- Er informiert die Buchhaltung.

- Er informiert die Produktionsplanung.

- Die Buchhaltung ändert die Höhe des ausgeschöpften Kredites.

- Die Produktionsplanung ändert den Plan.

- Sie informiert das Lagermanagement.

- Das Lagermanagement reserviert die Baugruppen für den Auftrag.

Unternehmen B hat diesen Prozess ("Kunde erhöht Bestellung" und "Kunde wünscht anderen Liefertermin") in seinem ERP-System abgebildet, so dass die Antwort auf die Anfrage durch eine automatische Abprüfung sofort auf dem Bildschirm des Innendienstsachbearbeiters zur Verfügung steht. Bestellt der Kunde definitiv, werden ebenso alle Vorgänge und Änderungen automatisch eingeleitet. Der Dialog des Sachbearbeiters findet nicht mehr mit den einzelnen Funktionsträgern im Unternehmen, sonder mit dem System statt.

Bei Unternehmen A ist der Aufwand bei einer Auftragsänderung sicher sehr hoch und verschlingt jedes Mal Ressourcen. Bei Unternehmen A besteht die Herausforderung in der Definition der Prozesse, der eindeutigen Festlegung aller Strukturen, der Pflege der gemeinsam genutzten Daten und die Abbildung der Prozesse in ein System.

Die folgenden Abbildungen 22 und 23 zeigen den Systemaufbau einmal ohne Integration, vielleicht nur mit je nach Bedarf mehr oder weniger engen Verknüpfungen, und einmal mit Integration über die Datenstrukturen wie sie von ERP-Systemen gehandhabt werden.

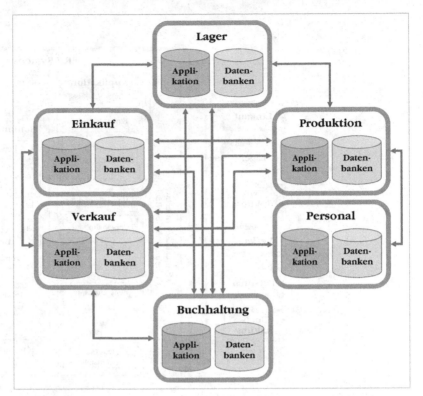

Abbildung 22: Lose verbundene und nicht integrierte Systeme im Beispiel Unternehmen A

In Abbildung 22 erkennt man zwischen den stand-alone-Systemen die manuellen oder mittels einfacher Schnittstelle auszuführenden Informationsflüsse. Wenn Unternehmen A nun die Wirtschaftlichkeit der Einführung einer ERP-Software prüfen will, sollten folgende Kriterien überprüft werden:

- Wie hoch sind die derzeitigen Prozesskosten? Wie hoch sind die tatsächlich realisierbaren Einsparpotentiale einer automatisierten Lösung?

- Kann das Unternehmen durch automatisierte Prozesse zusätzliche Umsätze erwirtschaften? Wie hoch ist der hier tatsächlich erwirtschaftete zusätzliche Gewinn?

- Wie hoch sind die gesamten Kosten zur Einführung einer ERP-Lösung, von der Vorstudie bis zur Systemeinführung und Schulung der Mitarbeiter?

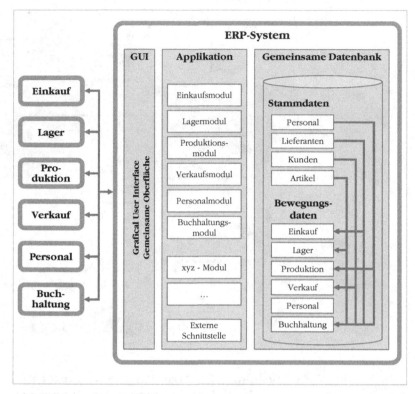

Abbildung 23: Voll integriertes ERP-System des Beispiel-Unternehmens B

Es scheint in unserem Beispiel von Unternehmen A und B im ersten Augenblick so, dass A eleganter und produktiver als B arbeitet. Ein Urteil können wir uns aber nur erlauben, wenn wir zusätzliche Informationen über die Struktur und das Umfeld erhalten, in dem die Unternehmen A und B arbeiten. Es ist ein Unterschied, ob im Jahr zwei große Anlagen gefertigt werden oder ob 5' 000 verschiedene Messgeräte nach Kundenwünschen hergestellt werden. Die geforderte **Prozessleistung** ist das Kriterium, an dem eine Entscheidung für oder gegen Systemintegration gemessen werden muss. Zunächst scheint sich die ERP immer da bezahlt zu machen, wo der jährliche Aufwand einen Prozess, ohne Integration aufrecht zu erhalten, die Investitions- und die Betriebskosten des Systems übersteigen.

Die Prozessleistung eines ERP-Systems

Die Prozessleistung wird nicht allein durch den **Prozessoutput** (als Menge der Aufgabenschritte pro Zeiteinheit) bestimmt, sondern auch von Faktoren wie

- **Prozessgeschwindigkeit**,
- **Prozesssicherheit** und
- **Prozessqualität.**

Gerade hier kann ein ERP-System seine Stärken ausspielen. Hinzu kommen positive Effekte durch die Datenintegration, die sich bei der **Planung, Steuerung und Kontrolle** des Unternehmens d.h. in den Führungsprozessen niederschlagen.

Bereiche, in denen ERP- Systeme schnell gegenüber anderen Lösungen punkten können, sind da,

- wo es auf schnelle Reaktionen ankommt, wie beispielsweise Verfügbarkeitsprüfungen im Verkauf,
- wo die Materialplanung und Inventarplanung und das schnelle und effektive Management der Materialprozesse entscheidend sind,
- wo die Prozesse so viele Variablen aufweisen, dass sie mit anderen Methoden nicht mehr sinnvoll gesteuert und überwacht werden können.

Einer der Gründe, die immer wieder angeführt werden, warum ein ERP-System einem Unternehmen Vorteile bringt, ist die Behauptung, dass es hilft, die Komplexität des Geschäfts zu reduzieren. Aber das Gegenteil ist leider der Fall.

Sollen komplexe Geschäftsabläufe in einem ERP-System abgebildet werden, so muss das System diese Abläufe spiegelbildlich wiedergeben können. Dies bedeutet, dass es selber entsprechend komplex sein muss. Es leuchtet ein, dass sich dies direkt in den Investitions- und Betriebskosten niederschlägt.

Hinweis

Andersherum hat die Erfahrung gezeigt, dass die effektivste Art, die Kosten einer ERP-Einführung zu senken, eine Komplexreduktion bei den Prozessen ist.

Es ist in der Tat nicht immer einfach zu entscheiden, wie viel ERP zu einem bestimmten Zeitpunkt eingeführt und wie stark die einzelnen Anwendungen untereinander integriert werden müssen.

"Think Big, Start Small"

Die Faustregel "Think Big, Start Small" hat sich in diesem Zusammenhang bewährt (Abbildung 24). Öffnen Sie im Anfang die Diskussion und lassen Sie auch Wünsche und Vision zu. Entwerfen Sie Ihr Traumsystem, so wie Sie denken, dass Sie es in 5 Jahren haben möchten. Auf diese Weise berücksichtigen Sie gedanklich auch zukünftige Anforderungen und können alle Stakeholder ohne Einschränkungen involvieren. Sie kennen dann Ihr Fernziel und können sich ihm systematisch nähern. Beachten Sie dabei nur, stets zu kommunizieren, dass dieser erste Schritt der Informationssammlung das *Think Big* ist und dass man beabsichtigt, *Start Small* umzusetzen.

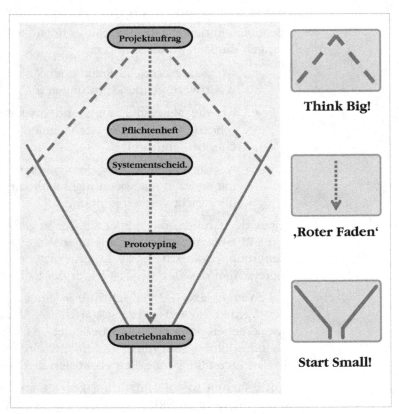

Abbildung 24: Das Think big, Start small-Prinzip

Als Gegengewicht zu dieser visionären Haltung beschränken Sie sich anschließend in den Umsetzungsphasen auf das, was wirklich nötig ist und was Sie sich zu diesem Zeitpunkt leisten können. Fragen Sie sich: Was brauche ich alles heute nicht? Geht es

auch einfacher? Wenn Sie Lösungen finden, die Ihnen die gewünschte Prozessleistung bieten und die zukünftig wünschens-
werte Situation nicht ausschließen, dann nehmen Sie diese – Sie
können später erweitern, wenn die elegantere Lösung auch wirtschaftlich ist.

Auf diese Weise haben Sie während des ganzen Auswahl- und
Entscheidungsprozesses sowie bei der Realisierung der vielen
Einzelschritte im Projekt immer das große Bild vor Augen. Think
Big bewahrt Sie davor, eine nicht ausreichend ausbaufähige und
erweiterbare Lösung einzuführen, Start Small sichert Ihnen die
Inbetriebnahme einer funktionsfähigen Lösung zum geplanten
Zeitpunkt.

Hinweis

Durch diese Beschränkung stellen Sie sicher, dass Budget und
Termine eingehalten werden und Sie für Ihr Unternehmen vom
Start an die erforderliche systemtechnische Unterstützung erhalten, die Sie brauchen, ohne die Türen in die Zukunft zugeschlagen zu haben.

7.3   Einführungsstrategien bei ERP-Systemen

Streng genommen ist eine ERP-Software ein Softwarerohling, der
an die speziellen Verhältnisse des Unternehmens angepasst werden muss. Hierzu bieten sich mehrere grundlegende Vorgehensweisen, deren Auswirkungen auf die Wirtschaftlichkeit vorher abgewogen werden müssen.

Kernfrage

Die wichtigste Frage, die beantwortet werden muss, ist die, in
wie weit passen Sie besser die Software dem Unternehmen an
oder das Unternehmen der Software. Die Frage der Anpassung
der Standardsoftware an das Unternehmen oder des Unternehmens an die Software können Sie anhand von drei gängigen Kriterien beantworten.

1. Wie hoch ist der Reorganisationsaufwand des Prozesses
    im Vergleich zum Anpassungsaufwand?

2. Welche Bedeutung hat der Prozess in der vorliegenden
    Form für den Erfolg des Unternehmens?

3. Kann durch die Einführung der durch die Software vor-
    gegebenen Prozessstrukturen ein Mehrwert für das Un-
    ternehmen erzielt werden?

Hinweis

Auch wenn die Anbieter von ERP-Systemen dies nicht gern erwähnen, stellen Sie sich darauf ein, dass Sie der Wirtschaftlichkeit zuliebe Kompromisse auf beiden Seiten eingehen müssen. Vom "Plug' n Play" ist die Industrie in diesem Bereich noch weit entfernt.

Vorgehensweisen zum Einsatz einer Software

Auf der Softwareseite haben Sie nach **steigendem Zeitaufwand, Kosten, Komplexität und Flexibilität** sortiert vier Vorgehensweisen zur Auswahl

- **Parametrisierung**
- **Konfigurierung**
- **Modifikation**
- **Individualentwicklung**

Von **Parametrisierung** oder auch **Customizing** spricht man, wenn es möglich ist die Software durch die Festlegung der angebotenen Variablen so zu verändern, dass sie den Bedürfnissen des Anwenders entspricht und den Zielprozess vollständig abbildet. Der Spielraum, im Rahmen dessen diese Variablen bestimmt werden können, ist vom Softwarehersteller vorgegeben. Dadurch bleibt in der Regel die Releasefähigkeit des ERP-Systems erhalten, das heißt, dass später ein Up-Grading auf eine neuere Version ohne nennenswerte Probleme möglich sein sollte.

Von einer **Konfiguration** spricht man in der Regel, wenn durch die Parametrisierung alleine der Prozess noch nicht ausreichend abgebildet werden kann, sondern zusätzlich Module ergänzend zu Standardsoftware eingesetzt werden müssen. Hierzu muss gesondert geprüft werden, in wie weit eine Releasefähigkeit sichergestellt werden kann und ob eine Zusammenarbeit der Module möglich ist. Anbieter von Standard-Software zertifizieren oft Zusatz- und Ergänzungsprodukte von Drittherstellern, um hier dem Kunden Sicherheit zu bieten.

Bei einer **Modifikation** einer Standardsoftware wird direkt in die Logik bestimmter Teile der Software eingegriffen. Hier kann dann eine Releasefähigkeit nicht mehr garantiert werden. Sie sollten auch unbedingt die Garantiesituation mit Ihrem Hersteller klären, bevor Sie sich für einen solchen Schritt entscheiden!

Individualentwicklungen von ganzen ERP-Systemen sind heute selten. Sollte aber keine geeignete Software auf dem Markt sein, die Ihren Prozess unterstützt, und ist eine Änderung des Prozesses für Sie ausgeschlossen, dann müssen Sie über eine Individualentwicklung nachdenken. Bevor Sie aber alles individuell programmieren, sollten Sie prüfen, ob es nicht möglich ist, Kompromisse zu schließen. Dies könnte so aussehen, dass Sie die Standardsoftware als führende Software einsetzen und immer dann, wenn sie an ihre Grenzen stößt, mittels einer definierten, klar abgegrenzten Standardschnittstelle die Daten an ein individuelles System übergeben. Nach der Bearbeitung sollte das individuelle System die bearbeiteten Daten über eine genau so streng abgegrenzte Schnittstelle wieder an das führende System zurückgeben.

Hinweis   Vermeiden Sie unbedingt verzahnte Kombinationen aus Modifikationen und Individualentwicklungen!

Das "KISS-Prinzip" bei der Einführung von ERP-Systemen

Wenn es sich mit Ihrem Businessmodell vereinbaren lässt und Sie dadurch keine Wettbewerbsnachteile erzielen, möchten wir Ihnen so viel Standard wie möglich empfehlen. Die im Folgenden aufgeführten Vorteile sind starke Argumente der Anbieter von ERP-Lösungen, sich an den von ihnen vorgedachten Weg zu halten und das Rad nicht noch einmal neu zu erfinden. Auch bei der Einführung von ERP-Systemen hat sich das "KISS-Prinzip" bewährt.

- Standardlösungen bieten Standard User Interfaces, (Benutzeroberflächen) deren Ergonomie schon durch die Erfahrungen der Mitarbeiter von anderen Firmen optimiert wurden.

- Hersteller optimieren die Geschwindigkeit ihrer Software nur in dem vorgesehenen Einsatzrahmen. Wenn Sie auf dem vorgedachten Weg bleiben, haben Sie die Gewissheit, dass Sie auch die ganze Geschwindigkeit der Verarbeitung nutzen können, die vorgesehen ist.

- Wenn Sie sich die von der Software vorgeschlagene Problemlösung zu Eigen machen, haben Sie vielleicht keine ausgefallene Problemlösung, doch sicher eine durch die Erfahrungen anderer Kunden optimierte.

- Wenn Sie Ihre Software nur durch Parametrisierung einführen können, dann haben Sie sicher die kostengünstigere Projektalternative gewählt und können einem zukünftigen Releasewechsel ruhig ins Auge blicken.

- Wenn Sie eine kostengünstige Einführung gewählt haben, dann erreichen Sie auch schneller Ihren ROI.

- Haben Sie eine Standardlösung gewählt, dann haben Sie auch einen erprobten Standard für Schulungen, Dokumentationen, Support und Wartung der Lösung. Dies wirkt sich positiv auf Ihre Betriebskosten aus.

- Standardlösungen beinhalten das Wissen und die Erfahrungen aus vielen ähnlich gelagerten Problemen anderer Anwender dieser Standardsoftware. Der Wissenstransfer, der so stattfindet, kann Ihnen zum Vorteil gereichen.

- Haben Sie eine Standardlösung, dann können Sie auch schnell und einfach von jeder Weiterentwicklung der Standardsoftware profitieren und die Zusatzmodule von Drittanbietern nutzen.

Der Einführungszeitpunkt

Für die Einführung eines ERP-Systems können Sie mehr oder weniger kluge Zeitpunkte oder besser Zeiträume wählen. Diese hängen direkt von der Art ihres Geschäftes ab. Sind Sie Inhaber einer Zuckerfabrik, werden Sie nicht im Herbst zur Ernte- und Produktionszeit ein ERP-System neu einführen wollen. Auch ist die Zeit der allgemeinen Ferien bei manchen Unternehmen eher ruhig, aber dies nützt Ihnen auch nicht viel, wenn dann die Schlüsselmitarbeiter im Urlaub sind. Diese Art der Probleme werden Sie gewiss selber lösen können. Bei der Einführung von einem ERP-System gibt es noch einen anderen Aspekt, der intensiver besprochen werden muss. Es ist die Frage, ob eine **sequenzielle Einführung** oder ein **"Big Bang"** (alles auf ein Mal) für Ihr Unternehmen die geeignete Einführungsmethode ist.

Beide Verfahren haben ihre Vor- und Nachteile und hängen von Ihrer Einschätzung der Lage ab:

- Wie hoch schätzen Sie das Einführungsrisiko? Sollen zu erst Erfahrungen in Bereichen gesammelt werden, bei denen sich eventuell auftauchende Probleme wenig auf den Geschäftsgang auswirken können?

- Gibt es in Ihrem Unternehmen wenig vernetzte Bereiche, wo Sie erst einmal Erfahrungen sammeln möchten, um dann die komplexeren vernetzen Gebiete anzugehen?

- Weist Ihr jetziges System gravierende Schwächen auf, die als erstes behoben werden müssen?

- Unterliegen in Ihrem Unternehmen gewisse Bereiche unterschiedlichen saisonalen Schwankungen, die eine Einführung in einem bestimmten Zeitraum ver- oder gebieten?

- Können Sie die Finanzierung sicherstellen, die Sie brauchen, wenn sie alles auf ein Mal beziehen?

Bei einem Big Bang erwartet Sie ein kürzeres Projekt mit weniger Aufwand für Schnittstellen und mit sofortigem Nutzen. Sie brauchen aber auch ein sehr professionelles Projektmanagement, müssen sehr viele Tests und Kontrollen im Vorfeld durchführen und gehen ein leicht höheres Einführungsrisiko ein. Daneben müssen Sie in der Lage sein, Ihre Mitarbeiter für kurze Zeit eventuell ganz für dieses Projekt freizustellen. Der Berateraufwand wird durch die hohe Beraterdichte über kurze Zeit etwa vergleichbar mit einem sequenziellen, aber längerem Projekt sein.

Bei einem sequenziellen Vorgehen profitieren Sie von einem progressiven Erfahrungsgewinn und können mit einem geringeren Einführungsrisiko rechnen. Auch spricht ein tendenziell übersichtlicheres Projekt für dieses Vorgehen. Sie müssen auf der anderen Seite in Kauf nehmen, dass Sie unter Umständen eine ganze Reihe von temporären Schnittstellen von den neunen Systemmodulen zu den Altsystemen der noch nicht eingeführten Bereiche erstellen müssen, die später wertlos werden. Auch wird das ganze Projekt länger, und Sie müssen sich eine Zeit mit Provisorien in der IT und in den Prozessen abfinden. Bei einem sequenziellen Vorgehen wird eine kontinuierliche und starke Projektüberwachung und Lenkung erfolgskritisch sein, so wie zuvor in Abschnitt 7.1.2 Projektüberwachung und Lenkung beschrieben.

Die drei wichtigsten Werkzeuge zur Systemeinführung

Die Einführung eines ERP-Systems ist sehr individuell und von Unternehmen zu Unternehmen verschieden. Jedoch möchten wir auf drei wesentliche Werkzeuge hinweisen, die unabdingbar für das Gelingen einer ERP-Einführung sind.

1. **Das Projektkonzept**
2. **Das Referenzmodell**
3. **Das Vorgehensmodell**

1. Das Projektkonzept

Das Projektkonzept umfasst einen professionellen Projektaufbau sowie das Projektmanagement, wie wir bereits am Anfang dieses Kapitels ausgiebig besprochen haben.

2. Das Referenzmodell

Unter einem Referenzmodell verstehen wir ein Basiskonzept, welches beschreibt, wie ein ERP-System in einem Unternehmen Ihrer Art idealtypisch aussehen sollte. Viele Hersteller haben solche Modelle für die gängigsten Branchen vorrätig. Es handelt sich häufig entweder um eine genaue Beschreibung, wie eine Software für ein Unternehmen einer bestimmten Branche eingestellt werden sollte, oder um bereits vorparametrisierte Software-Mandanten. Eine andere Lösung sind spezielle Applikationen, mit denen der Softwaremandant vor Ort auf einen bestimmten Branchenstandard eingestellt werden kann.

In diesem Bereich werden Sie große Unterschiede bei den Herstellern und bei den Implementationsberatern finden. Hier ist ein Feld, wo auch kleine Anbieter und Beratungshäuser durch Spezialisierung, Branchenerfahrungen und Branchenreferenzen gegen die größeren Unternehmen antreten können.

Eine genaue Beschäftigung und Auseinandersetzung mit den angebotenen Varianten lohnt sich immer, denn:

Hinweis

Je genauer das Referenzmodell Ihres Implementationspartners auf Ihr Unternehmen passt, um so kürzer und günstiger wird Ihr Projekt. Daneben verringert die Anwendung eines passenden Referenzmodells Ihr Projektrisiko.

Referenzmodelle beinhalten die Erfahrung und das Wissen um die Prozesse Ihrer direkten Mitbewerber. Ebenso können Sie durch die Wahl eines auf Ihre Branche spezialisierten Implementationsberaters einiges über die Prozessgepflogenheiten der Branche in Erfahrung bringen.

Falls Sie mit Ihrem Unternehmen in einem regionalen Wettbewerb stehen, ihr Implementierungspartner aber überregional arbeitet, dann sollten Sie auch versuchen, durch ihn mit Referenzkunden aus Ihrer Branche Kontakt aufzunehmen.

3. Das Vorgehensmodell

Ein Vorgehensmodell zur Einführung eines ERP-Systems kann als die konkrete taktische Ausgestaltung des Projektvorgehens gesehen werden. Es fordert darum die volle Aufmerksamkeit des Auftraggebers des Projektes. Aus diesem Grunde möchten wir die folgenden beiden Unterkapitel diesem Thema schenken.

7.4   Vorgehensmodell zur Einführung von ERP-Standardsoftware

Weiter oben, als wir die Methoden des Projektmanagements diskutierten, haben wir von den spezifischen, auf das konkrete Vorhaben bezogenen fachlichen Fähigkeiten gesprochen, die ein Projektleiter mitbringen muss. Dieses Fachwissen setzt sich in dem Fall der Einführung eines ERP-Systems zusammen aus dem Wissen über

- die Methoden des Prozess Engineerings,
- die technischen Grenzen und Möglichkeiten der einzuführenden ERP-Software,
- den Einführungsprozess einer solchen Software.

Die Hersteller interessieren sich in der Regel sehr dafür, das Wissen über ihre Software zu verbreiten, und bieten den Implementierungshäusern im Rahmen ihrer Partnerschaftsmodelle Ausbildung und Spezialkurse an. In den meisten Fällen zertifizieren die Softwarehäuser ihre Implementierungspartner und deren Mitarbeiter.

Hinweis

Erkundigen Sie sich vorher genau, welche Zertifikate Ihr Beratungshaus und die Mitarbeiter, die bei Ihnen im Projekt eingesetzt werden sollen, erworben haben und ob es wirklich die Zertifikate für die von Ihnen gewünschten Softwaremodule sind. So können Sie Qualitätsunterschiede leicht feststellen.

Wenn Sie sich als Unternehmer und Auftraggeber zu Beginn die Gewissheit verschafft haben, ob die richtigen Personen am Werk sind, so müssen Sie sich im Verlauf des Projektes immer wieder fragen und immer wieder vergewissern, ob die Arbeit auch fachlich korrekt und nach Ihren Wünschen durchgeführt wird.

Definition Vorgehensmodell

Diese konkrete fachliche Leitlinie, nach der Ihr Beratungspartner vorgehen will, um Ihre Software einzuführen, bezeichnen wir als das **Vorgehensmodell** des Beratungshauses. Im Weiteren halten wir uns eng an PROMET® SSW, einem von der IMG AG entwickelten Vorgehensmodell zur Einführung von ERP-Systemen, die auf Standardsoftware beruhen. Weitere Informationen finden Sie bei **www.promet-web.com**.

Das Vorgehensmodell ist das eigentliche Know-how, wodurch die einzelnen Beratungshäuser sich unterscheiden können, da es das systematisch aufbereitete Wissen des Beratungshauses und seiner Mitarbeiter darstellt und so einen erheblichen immateriellen Wert darstellt. Dies erklärt auch eine gewisse Zurückhaltung mancher Beratungshäuser, wenn Sie hier detailliert Einsicht nehmen wollen.

Hinweis

Existiert bei Ihrem Beratungspartner kein solch schriftlich dokumentiertes Modell für die Einführung von ERP-Systemen oder Standardsoftware, oder ist man nicht bereit, Ihnen vollen Einblick zur Prüfung zu gewähren, sind dies erste Warnzeichen, und Sie sollten die Zusammenarbeit noch einmal überdenken.

Das Vorgehensmodell dient zur

- **Planung,**
- **Organisation,**
- **Abwicklung,**
- **Steuerung,**
- **Kontrolle und**
- **Dokumentation**

des Einführungsprojektes.

Es deckt die folgenden Anwendungsbereiche innerhalb der Projektdurchführung ab:

- Sicherstellung
  - des einheitlichen, konzertierten und zielkonformen Vorgehens aller Beteiligten – interner, wie externer Mitarbeiter,
  - einer ausreichenden Dokumentation,

- o   der Projektwirtschaftlichkeit,
- o   der notwendigen Infrastruktur
- Offenlegung und Transparenz
  - o   der Termin und Kapazitätssituation,
  - o   dem Stand der Arbeiten,
  - o   der Kosten und der Budgetabweichungen
- Standardisierung der
  - o   Berichterstattung ,
  - o   Reaktion auf Ereignisse,
  - o   Auswertung der Tätigkeiten und Situationen

Da das Vorgehensmodell zur ERP-Einführung die taktische Ausgestaltung des Projektplanes zur ERP-Einführung ist, findet sich
hier die gleiche Gliederung wieder, die wir aus dem Projektmanagement kennen. Es beschreibt für jede Phase im Einzelnen
und abschließend konkret:

- Was zu tun ist und welche Ergebnisse zu erzielen sind.

- Wodurch und mit welcher Aktivität diese Ergebnisse zu
  erzielen sind.

- Wer bei diesen Aktivitäten in welchen Rollen beteiligt ist
  und welche Aufgaben ihm konkret zufallen.

- Wie die Ergebnisse erreicht werden sollen, welche
  Technik und Werkzeuge anzuwenden sind.

- Für wen oder für welche nachfolgende Aktivität die Ergebnisse erreicht werden sollen.

- Wer diese Ergebnisse unter welchen Bedingungen ab-
  nehmen muss.

- Wie die Dokumentation im Detail im gesamten Projekt
  zu gestalten ist.

Damit dies möglich ist, sollte Ihr Beratungspartner Ihnen ein
Handbuch vorlegen können. Mit dessen Hilfe sollten die für das
Projekt vorgesehenen Mitarbeiter des Beratungshauses Ihr kon-
kretes Projekt "im Trockenen" mit Ihnen durchgehen können.
Das Handbuch sollte neben der logischen schrittweisen Vorge-
hensbeschreibung alle nötigen Checklisten, Vorlagen, Formulare
und Dokumente enthalten – am Besten jeweils mit einem Erklä-
rungsbeispiel und einer Musterergebnisdokumentation.

7.5   ## Die fünf Phasen des Vorgehensmodells

Das Vorgehensmodell, auf das Sie und Ihre Beratungspartner sich geeinigt haben, stellt so etwas wie den Masterplan Ihrer ERP-Einführung dar. Es wird in der Planung, Durchführung und Kontrolle des Projektes das wesentliche Handwerkszeug derjenigen, die das Projekt führen und verantworten müssen. Die im Rahmen des Vorgehensmodells von beiden Parteien verabschiedeten Inhalte der erstellten Dokumente werden bei Meinungsverschiedenheiten und Konflikten zu wichtigen Belegen und sollten, wenn dies hilfreich ist, von beiden Parteien unterschrieben werden.

Um Ihnen einen Überblick zu geben, was Sie inhaltlich von einem Vorgehensmodell zu erwarten haben, möchten wir nun Phase für Phase mit Ihnen die wesentlichen Bestandteile besprechen. Die Phasen eines Vorgehensmodells sind:

- **Phase I: Initialisierung**
- **Phase II: Grobkonzept**
- **Phase III: Detailkonzept**
- **Phase IV: Realisierung**
- **Phase V: Einführung**

7.5.1   ## Phase I: Initialisierung

Die erste Phase dient dazu, das Projekt aufzusetzen und es in sinnvolle Unterprojekte zu teilen. Es werden die Ressourcen vorgeplant und die Projekthierarchien und Verantwortlichkeiten festgelegt.

In einem **Migrationsplan** wird der heutige und der zukünftig zu erstrebende Status einander gegenüber gestellt und der Weg zwischen ihnen festgelegt.

Hierzu gehört die Priorisierung der Teilprojekte aus

- unternehmerischer
- betrieblicher und
- sachlogischer

Sicht heraus.

Aus dieser Betrachtung folgen

- die Reihenfolge der konkreten Teilschritte und Teilprojekte,

- die Definition der wichtigsten Meilensteine mit ihren Ergebnissen,

- der Aktivitätenplan mit Anfangs- und Enddatum, seinen Abgängigkeiten, Ergebnissen und Verantwortlichkeiten,

- die Festlegung des Risikos und der "Points of no return",

- die Personal und Finanzplanung des Projektes,

- die Beschreibung der in den jeweiligen Schritten anzuwendenden Methoden,

- die Definition der vorzusehenden Provisorien in der Organisation des Geschäftes sowie

- die Definition der temporären Schnittstellen zu anderen Systemen.

Daneben sollte in dieser Phase eine Kosten-Nutzen Übersicht des gesamten Projektes erstellt werden.

Nicht vergessen werden sollten auch der Schulungsplan und die Festlegung der Infrastruktureinrichtungen, die nötig sind, um das Projekt durchzuführen. Hierzu gehören insbesondere

- Zuweisung der geeigneten Räumlichkeiten,

- Organisation und Installation der Sachmittel, insbesondere der IT Infrastruktur,

- Einrichten der Projektbibliothek sowie

- Einrichten des Entwicklungssystems mit den Mandanten in der Ursprungsversion, dem Probemandanten, dem Parametrisierungsmandanten, dem Test- und Schulungsmandanten und dem Vorproduktivmandanten.

In diese Phase fallen auch die ersten PAS und Teamsitzungen. Ebenso muss die Zusammenarbeit von internen und externen Mitarbeitern eingeübt werden. Spätesten hier müssen sich alle Beteiligten mit den Instrumenten und den zu erstellenden Dokumenten vertraut machen.

Bereits hier werden echte oder vermeintliche Probleme auftreten, die im Laufe des Projektes Lösungen verlangen. Diese sind zu dokumentieren und mit ihren Lösungsansätzen festzuhalten. Die Erfahrung zeigt, dass nicht schriftlich dokumentierte Probleme mit ihrem Lösungsansatz im Verlaufe des Projektes immer wieder von verschiedenen Personen redundant bearbeitet werden und somit unnötig wertvolle Ressourcen vergeuden.

Am Schluss dieser Phase erstellt der Projektleiter die konkreten Arbeitsaufträge für zu erwartende Teilprojekte und Aktivitäten.

Um diese Phase erfolgreich durchzuführen, sollte Ihr Implementierungspartner die entsprechenden Musterdokumente bereithalten. Diese sind:

- **Aktivitätenplan,**
- **Arbeitsauftrag,**
- **Phasen und Aufgabenfreigabe Dokumente,**
- **Masterplan,**
- **Migrationsplan,**
- **Problem und Lösungsformulare,**
- **Projektauftrag,**
- **Wirtschaftlichkeitsvorschau sowie**
- **Zeitaufschreibung.**

Zur Überprüfung der Vollständigkeit und der Logik der Inhalte sollte das Vorgehensmodell ein Set geeigneter Checklisten zu jeder Phase vorhalten.

7.5.2   Phase II: Grobkonzept

Die Grobkonzeptphase untergliedert sich im Wesentlichen in eine Analyse der **Ist-Situation** und in die Erarbeitung eines **Sollkonzeptes**. Die Phase II schließt immer wie jede weitere Phase auch mit dem Durcharbeiten der Checkliste und mit dem Phasenschlussbericht ab, in dem über die Tätigkeiten Rechenschaft gegeben und die Anträge auf Freigabe der nächsten Phase gestellt wird.

Ist-Analyse

Das Projektteam legt in der Ist-Analyse zunächst die genauen Grenzen fest, in dessen Rahmen das ERP-System eingeführt werden soll. Danach erhebt es die Strukturen, Dokumente und Zusammenhänge der bisherigen Geschäftsabläufe, soweit sie in den Zielrahmen gehören, in den die neue Software eingeführt werden soll.

Anschließend stellt das Team ein Inventar der jetzigen Lösungen und Systeme auf und beschreibt seine Abhängigkeiten, Organisationen und Funktionen.

In diesem Zusammenhang, der Identifikation von Aufgaben und Geschäftsprozessen müssen vom Team folgende Dokumente erarbeitet werden:

- Eine Liste aller Aufgaben (manueller, wie IT-unterstützter), die im Unternehmen in den zur Diskussion stehenden Bereichen anfallen (wie „Auftrag erfassen", „Material einbuchen" etc.).

- Eine Beschreibung dieser einzelnen Aufgaben, (wodurch werden sie angestoßen und zu welchen Ergebnissen führen sie?).

- Eine Liste aller Geschäftsprozesse, die im Unternehmen in den zur Diskussion stehenden Bereichen anfallen (vgl. Kapitel 4 Abläufe und Strukturen

- : Aufträge ausliefern, Kundenreklamationen bearbeiten, etc.).

- Eine vollständige Beschreibung eines jeden Geschäftsprozesses. (Reihenfolge der Aufgaben, Rollen, Mengengerüste, Prozessauftraggeber, Prozesskunden).

- Ein Kettendiagramm, welches über den Zusammenhang der Geschäftsprozesse und der Aufgaben Auskunft gibt. (Reihenfolgen, Abhängigkeiten, Verzweigungen. etc.).

Im Zusammenhang mit diesem Aufnahmeprozess der Aufgaben und Geschäftsprozesse muss das Team die zur Bearbeitung anstehenden Daten in ihrer Qualität, Struktur und Menge ermitteln.

Aus den bisher gesammelten Daten sollten nun die betroffenen Prozesse des Unternehmens kritisch angeschaut werden, um bei der Einführung des ERP-Systems allfällige Schwächen zu eliminieren.

Liegen nun diese Informationen vor, so sind die bereits vorhandenen Systeme zu ermitteln und zu beschreiben, mit denen diese Aufgaben und Geschäftsprozesse heute erledigt werden. Aus diesen Informationen ergibt sich dann die Schnittstellenübersicht zu den Systemen, die von der Umstellung auf das neue ERP-System betroffen sind.

Bevor nun der Schritt in die Modellierung des Sollkonzeptes gestartet werden kann, muss das Team anhand von geeigneten

Checklisten, die im Vorgehenshandbuch des Implementierungs-
beraters vorhanden sein sollten, die Vollständigkeit der Ist-
Analyse sicherstellen.

Sollkonzept

Ziel dieses Teils des Vorgehens ist es, die Lösungsideen für den
Aufbau der Organisation und den zukünftigen Ablauf zu entwickeln. Dies geschieht an Besten in Workshops mit den Projekt-
beteiligten.

Hinweis

Hier sollten Sie als Unternehmer darauf achten, dass nicht bestehende Strukturen als heilig angesehen werden und sich alte, vielleicht unwirtschaftliche Abläufe aus Bequemlichkeit oder aus
Konfliktscheue heraus unbesehen und unverbessert in das neue
ERP-System einschleichen.

Nehmen Sie sich genügend Zeit für diesen Changeprozess. Hier
sind die Hebel, um in Zukunft Zeit und Kosten zu sparen.

In dem Arbeitsschritt der Erstellung des Sollkonzeptes verfolgen
Sie die folgenden Ziele:

- Sie definieren die zukünftige Unternehmensstruktur so,
  dass sie im ERP-System als Spiegelbild abgebildet werden kann.

- Sie konzipieren die Sollgeschäftsprozesse und ihr Zusammenspiel auf einer Makroebene, sodass eine, wenn
  auch noch grobe Organisationsstruktur der Abläufe für
  die weiteren Phasen bestimmt ist.

- Sie legen auf einer generellen Ebene fest, welche Aufgaben innerhalb der Prozesse erfüllt werden sollen.

- Sie legen fest, für welche Teile der Prozesskette und für
  welche Aufgaben Systemunterstützung gefordert ist und
  für welche nicht.

Sie bestimmen dann für die Kernprozesse die wichtigsten Er-
folgsfaktoren, damit später entschieden werden kann, ob die Ziele durch die Systemunterstützung erreicht werden.

Die Ergebnisse des Designs sind der Input für das folgende **Prototyping**, bei dem ein erstes Strukturmodell des ERPs konzipiert
und aufgebaut wird.

Im weiteren Verlauf werden Sie sehen, dass die Erstellung des
Solldesigns und das Prototyping ein iterativer Prozess ist, der

immer mehrmals durchlaufen werden muss, bis alles so erarbeitet ist, wie Sie und das Team es sich vorstellen.

Hinweis

Spätesten bei der Erarbeitung des Solldesigns, sollte ein Teammitglied in jeder Arbeitsgruppe ausreichend Erfahrungen mit der
neu zu installierenden Software haben, um abschätzen zu können, wann der Pfad der Parametrisierung verlassen wird. Findet
das Team keine akzeptable Lösung, den Prozess mit den Möglichkeiten der Standardsoftware zu unterstützen, muss der Eska-
lationsweg beschritten werden.

Phasenabschluss

Da das Ergebnis einer Phase wiederum Input der nächsten Phase
ist, muss die Genehmigung der abgeschlossenen Phase und eine
Freigabe der nächsten eingeholt werden. Sie als Unternehmer
werden einen detaillierten Bericht über die Ist-Analyse und über
das   Soll-Design verlangen. Der Bericht zu jedem Phasenabschluss sollte auf drei Aspekte genauestens eingehen:

Es sollte einen **Problemkatalog** über alle zu erwartenden Probleme und deren **alternative Lösungsmöglichkeiten** erstellt
werden; inklusive der möglichen Auswirkungen auf den Projekt-
forschritt und die Kosten.

Die **Wirtschaftlichkeit** des Projektes sollte noch einmal genauestens durchleuchtet werden und unter Umständen Korrekturen
am Vorgehen und an der Auswahl vorgenommen werden.

Die Projektleitung sollte **Rechenschaft über die neuen Erkenntnisse** ablegen und die nächsten Schritte in einer Ausführ-
lichkeit vorschlagen, die es Ihnen erlaubt, die nächste Phase, die
Erstellung des Detailkonzepts freizugeben.

Um die Phase II erfolgreich durchzuführen, sollten folgende Dokumente bereitstehen, um das Vorgehen dieser Stufe zu dokumentieren:

- **Beschreibung der verwendeten Applikationen**
- **Schnittstellenbeschreibungen**
- **Übersicht über die verwendeten Applikationen**
- **Ist / Soll Aufgabenbeschreibungen**
- **Ist / Soll Aufgabenkettendiagramme**
- **Ist / Soll Aufgabenliste**
- **Liste bestehender Dateien und Datenstrukturen**

- Gliederung des Phasenabschlussberichtes Grob-konzept
- Listen- und Dokumentverzeichnis
- Organigramme
- Ist / Soll Geschäftsprozessanalyse
- Ist / Soll Geschäftsprozessbeschreibungen
- Tätigkeits- und Stellenbeschreibungen
- Problem- und Lösungskatalog
- Wirtschaftlichkeitsbericht
- "Lessons- Learned"- Dokument

7.5.3   Phase III: Detailkonzept

Ziel dieser Phase ist das Grobkonzept zu verfeinern und alle Voraussetzungen zu schaffen, das System technisch und organisatorisch umsetzen zu können. Im Wesentlichen beschäftigt sich das Team hier mit dem **Prototyping** und der **Einführungsplanung**.

Prototyping

Hinweis

Die Methode des Prototypings bei der Einführung eines ERP-Systems verwendet man, um möglichst früh eine funktionierende Software zu erhalten. Auf diese Weise können alle Betroffenen zusammen – auch und gerade die, die keine professionellen IT-Entwickler sind – unter der Leitung des Implementierungspartners ihr neues System entwickeln.

Sie können sich so mit einer realen Situation auseinandersetzen und am konkreten **praktischen** Beispiel das System so weiter gestalten, wie es die Gegebenheiten im Unternehmen erfordern.

Mit dem Prototyping sollen frühzeitig

- die Nutzer an das System gewöhnt werden,
- die Mitarbeiter auf einer ihnen gewohnten praktischen Ebene das System mitgestalten können,
- Schnittstellen, Zusatzaufwand, Widerstände und Probleme identifiziert werden,

- zusätzliche Erkenntnisse zur Aufbau- und Ablauforganisation gewonnen werden sowie

- mögliche Lücken in der Funktionsabdeckung aufgeklärt werden.

Es gehört viel Erfahrung, professionelle Vorbereitung und Durchführung dazu, ein Prototyping erfolgreich zu leiten.

Hierzu müssen mehrere Softwaremandanten vorgehalten werden, die vom Test- und "Spielwiesensystem" über das Integrationssystem bis hin zum (vorläufig) fertigen System eine Arbeitsumgebung zur Entwicklung schaffen. Die Kunst des Projektleiters besteht darin, jeden in die Entwicklung mit einzubeziehen, aber darauf zu achten, dass nicht durch die unendliche Zahl der möglichen Parameterkombinationen das System kollabiert und der Weg der Veränderungen nicht mehr nachvollziehbar ist.

Hinweis   In der Regel werden Ihre Beratungspartner in der Reihenfolge der Belegbearbeitung vom Allgemeinen zum Speziellen vorgehen. In einem iterativen Prozess werden sie ausgehend vom Konzept eine Parametrisierung vornehmen, dann Ihre Testszenarien durchlaufen und mit den Erkenntnissen daraus wieder die Parametrisierung verfeinern. Diese Iterationen werden Sie solange verfeinern bis das System den Ansprüchen genügt. Lassen Sie sich von Ihrem Implementierungspartner sein Vorgehen und seine Prinzipien beim Prototyping vorher erklären!

Während der Arbeit am Prototyp werden Sie feststellen, dass Sie alle Dokumente, die Sie in der Phase II Grobkonzept erstellt haben, wieder brauchen. Wenn Sie die einzelnen Prozesse und Aufgaben in ihren Zusammenhängen nun am System simulieren, werden Sie zwangsläufig feststellen, dass Sie diese nun verfeinern und präzisieren müssen. Diese neuen Dokumente dienen Ihnen nun wieder dazu, die Aufgaben den ausführenden Stellen gegenüberzustellen. Ebenso schaffen Sie so die Voraussetzungen für die Schulung und die Planung der Sachmittel für die vom System geforderte Infrastruktur.

Zusätzlich zu den Verfeinerungen auf Geschäfts- und Prozess ebene liefert das Prototyping Informationen, welche Aufgaben auf technischer Ebene durchgeführt werden müssen.

Hierzu gehören die genaue Beschreibung und Definition der Schnittstellen zu anderen Systemen und die Konzeption und Definition möglicherweise nötiger Zusatzfunktionen. Wichtiges technisches Element des Prototypings sind die Integrationstests, die nicht nur am Ende der Phase, sondern laufend durchgeführt werden sollten.

Einführungsplanung

Der Einführungsplan besteht im Wesentlichen aus fünf Teilplänen:

1. Der Inbetriebsetzungsplan

Hier wird grob bestimmt, welche Teile wann dem User übergeben werden sollen, oder wann welches Altsystem abgelöst werden wird. Festzulegen sind hier die Termine, der Personal- und der Ressourceneinsatz.

2. Der Fall-back-Plan

Hier wird festgelegt, was passiert, wenn bestimmte Ziele nicht eingehalten werden können und der Produktivstart nicht stattfinden kann.

3. Der Datenübernahmeplan

Bei diesem Plan ist ein Konzept gefordert, welches Auskunft darüber gibt, wann und wie welche Stamm- und Bewegungsdaten in das neue System übernommen werden.

4. Der Sachmittelplan

Dieser Plan hält fest, welche Sachmittel und welche Infrastrukturkomponenten noch zu beschaffen sind, bevor das System in Betrieb gehen kann.

5. Der Schulungsplan

Hier werden das Konzept und die Belange der Mitarbeiterschulung vollständig dargelegt.

Phasenabschluss

Zum Schluss der Phase III ist ähnlich wie bei den vorherigen Phasen ein Phasenschlussbericht zu erstellen. Dieser enthält wiederum die Ergebnisse im Detail:

- **Zur Organisation**
- **Zu Schnittstellen, Zusatzfunktionen und Modifikationen**
- **Den Einführungsplan**
- **Änderungen zum ursprünglichen Plan**

- **Die Wirtschaftlichkeitsvorschau**

- **Der Vorgehensplan für die nächste Phase der Realisierung**

Liegt dies vor und sind die Abschlusschecks positiv ausgefallen, kann der Projektausschuss nach Prüfung über das weitere Vorgehen entscheiden.

Zur Durchführung der Phase III Detailkonzept sollte Ihr Implemetierungspartner folgende Dokumente erstellen:

- **Detaillierte Aufgabenbeschreibung,**

- **Komplettes Aufgabenkettendiagramm,**

- **Liste aller in der Reichweite des Systems zu erledigenden Aufgaben,**

- **Liste aller zu übernehmenden Daten und Dateien so wie deren Beschreibungen,**

- **Phasenabschlussbericht,**

- **die Funktionsmatrix,**

- **Anträge zur Modifikation des Systems,**

- **Organigramme,**

- **Geschäftsprozessliste mit Geschäftsprozessanalyse und Geschäftsprozessbeschreibung,**

- **Liste und Beschreibung der zu programmierenden Aufgaben,**

- **Sachmittelübersicht sowie**

- **Schnittstellenübersicht und Schnittstellenkonzept.**

7.5.4   Phase IV: Realisierung

Während in den zwei vorangegangen Phasen Ihr Team zunächst festlegte, welche Anforderungen an das System zu stellen sind und sich anschließend mit Hilfe des Prototypen darauf einigte, wie die geforderten Aufgaben zu lösen sind, muss es nun das System als Ganzes zusammenbauen und für die Übergabe in den operativen Betrieb bereitstellen.

Ziele der Phase IV sind:

- Die vom System betroffene organisatorische Gestaltung abschließend festlegen

- Die vollständige endgültige Parametrisierung der Software

- Die fertige Programmierung aller erforderlichen Schnittstellen und Zusatzfunktionen

- Die Durchführung aller Tests und die Definition der zukünftigen Testroutinen für den Produktivbetrieb

- Die Übernahmen und die Erfassung der Stamm- und der Bewegungsdaten

- Die Aufstellung eines Not- und Ausfallplanes für den Fall, dass die Software nicht funktioniert oder ausfällt

- Die Aufstellung des detaillierten Vorgehens zur Einführung

- Die Zusammenstellung der Organisations- und Systemdokumentation

Am Anfang der Phase IV werden in der Regel ein Projektstrang mit eher **organisatorischen** Aufgaben und ein Projektstrang mit **technischen** Aufgaben gleichzeitig durchgeführt.

Zu den **organisatorischen** Aufgaben, die noch zu erfüllen sind, gehören:

- Die Vertiefung und **abschließende Verfeinerung** der Geschäftsprozesse und der Beschreibung aller zu erledigenden Aufgaben in einem Genauigkeitsgrad, dass ein sachkundiger Mitarbeiter diese eindeutig versteht und ausführen kann.

- Die Definition des gesamten **Berichtswesens** inklusive der Form, Inhalte, Verantwortlichen, Adressaten und Periodizität der Berichte sowie deren Hinterlegung im System und in den dazugehörenden Dokumentationen.

- Die Festlegung des **Formularwesens**. Hierzu gehört das Verfahren, wie im neuen System mit den Inputformularen und deren Inhalten umzugehen ist. Ebenso müssen alle durch das System und die Mitarbeiter zu erstellenden neuen Formulare nach Art, Umfang, Gestaltung, Verantwortung, Adressaten, Auslöseereignis eindeutig definiert und im System hinterlegt werden.

- Die Erstellung der **Ausfallpläne**. Hierunter versteht man die Konzepte und Arbeitsanweisungen, die dazu dienen, das Verhalten bei einem Ausfall des Systems zu regeln. Man erstellt in der Regel Szenarien für den Ausfall während einer, vier und 12 und während 48 Stunden. Wobei davon ausgegangen wird, dass innerhalb von 48 Stunden ein komplettes Ersatzsystem betriebsfähig sein muss.

Abschluss dieses Projektstrangs bildet nun das vorläufige **Organisationshandbuch**

In dem parallel laufenden **technischen** Projektstrang beschäftigt sich das Team damit, ein **Vorproduktivsystem** einzurichten, welches in seiner Funktion vollständig dem späteren produktiven System entsprechen wird:

- An dieser Stelle werden das System vollständig und **durchgehend parametrisiert** sowie alle **Schnittstellen programmiert** und eingebaut. Ebenso werden die möglicherweise erforderlichen **Zusatzprogramme** erstellt und in das System integriert.

- Da mit dem System nicht nur Transaktionen durchgeführt werden, sondern auch Berichte erstellt, Testläufe ausgeführt sowie Kontrollen und Abgleichsaufgaben erledigt werden, müssen diese **periodischen Aufgaben** im System und in der Dokumentation hinterlegt und in das Organisationskonzept integriert werden.

- Das gleiche ist für die **Stapelverarbeitungsvorgänge** vorzunehmen, mit denen sich das System immer wieder zu bestimmten Zeitpunkten organisiert, abgleicht und automatisierte zusammengefasste Aufgaben im Hintergrund erledigt.

- Als letzte grundlegende Parametrisierung wird nun das **Berechtigungskonzept** im System abgelegt und alle geforderten Maßnahmen zur IT-Sicherheit, so wie sie dann in der Praxis gehandhabt werden sollten, ergriffen.

Das Ergebnis dieser Schritte ist dann das vorläufige **Systemhandbuch**

Nun beginnt der Integrationstest, bei dem auch ein letztes Mal die Konsistenz von Organisations- und Systemhandbuch geprüft werden muss.

Verlaufen alle diese Tests zufrieden stellend, kann mit den Vorbereitungen zur Einführung begonnen werden.

Einführungsvorbereitungen

In der Einführungsvorbereitung werden die abschließenden Aufgaben durchgeführt, damit im Falle eines positiven Phasentscheides das System produktiv gehen kann. Zu diesen Aufgaben gehören insbesondere:

- Die Planung, und die anschließende **Übergabe der Bewegungs- und der Stammdatendaten**. Die Erfahrung zeigt, dass diese Aufgabe häufig unterschätzt wird. In manchen Fällen müssen die Stammdaten erst noch bereinigt oder gesondert erfasst werden, bevor sie in das neue System übernommen werden können, was zu erheblichen Verzögerungen führen kann.

- **Installation** aller für den Betrieb nötigen **Hardware** und Sachmittel an den Arbeitsplätzen der Mitarbeiter.

- Durchführung der **Schulung** für die Mitarbeiter

- Detaillierte **Planung** und Kommunikation der eigentlichen **Einführung** inklusive der Übergabe der Abläufe an das neue System, sowie die Planung der Abschaltung des alten Systems.

- Aufstellung eines **Fall-Backplan**s für den Fall, dass die Inbetriebnahme des neuen Systems abgebrochen werden muss.

- Vorbereitung des **Back-up- und Sicherheitskonzeptes** für das neue System.

Sollte das Team bis hierhin mit dem Projektverlauf nach einem eingehenden Check zufrieden sein, könnte mit der Einführung begonnen werden. Basis hierfür ist, wie an jedem Phasenende der detaillierte Abschlussbericht, der wieder nach den gleichen Kriterien zu erstellen ist und der dem Projektausschuss dient, die Arbeit freizugeben und den finalen "Go"-Entscheid zu geben.

Zur Durchführung der Phase IV Realisierung sollte Ihr Implemetierungspartner zusammengefasst folgende Dokumente erstellen:

- **abschließende Listen und Beschreibungen aller Aufgaben, Aufgabenketten und Geschäftsprozesse,**

- **Organisationsdokument, Organigramme, Funktionsmatrizen und Personaleinsatzplan, Stellenbeschreibungen in endgültiger Form,**

- Beschreibung aller Formulare und der Formularorganisation,

- Beschreibung aller Berichte und der Berichtorganisation,

- die Ausfallplanung,

- das Berechtigungs- und Sicherheitskonzept,

- Inventar der installierten Sachmittel,

- Schnittstellenkonzept und vollständige Schnittstellendokumentation,

- ein Verzeichnis aller periodischen Jobs und Systemläufe und deren Organisation,

- ein Verzeichnis der durchgeführten Tests und deren Abnahmen, sowie der periodisch durchzuführenden Tests und Wartungsarbeiten,

- das vollständige Systemhandbuch,

- das Schulungsverzeichnis,

- Dokumentation über die Übernahmen der Daten,

- genauer Vorgehensplan bei dem eigentlichen Einführungsprozess,

- ausführlicher Phasenabschlussbericht.

7.5.5   Phase V: Einführung

Die Einführungsphase ist der Prozess, mit dem das System in den produktiven Betrieb überführt wird. Die Tätigkeiten, durch die diese Phase gekennzeichnet ist, sind:

- Einrichtung des Produktivsystems,

- Simulation der Einführung,

- Abstimmung der Systeme,

- Durchführung kurzfristig aufgetretener Änderungen,

- Übernahme aller Daten in das Produktivsystem,

- Umstellung vom alten auf das neue System und

- Projektanalyse.

Bereits in den vorhergehenden Kapiteln haben wir erwähnt, dass Sie, wenn Sie ein ERP-System einführen, immer mit mehr als einer Softwarelizenz arbeiten werden. Sie starten zunächst mit einem System, welches Sie als Testumgebung (oder Testsystem) installieren, um neue Konfigurationen auszuprobieren. Auf diesem System räumen Sie auch Ihren Mitarbeitern eine erste Möglichkeit ein, sich an das neue System heranzutasten.

Hinweis

Ermutigen Sie Ihre Mitarbeiter nach Herzenslust, mit dem Testsystem zu experimentieren und zu "spielen", dafür ist es da. Nutzen Sie diesen Lerneffekt.

Ein zweites System, die **Entwicklungsumgebung,** dient Ihnen dazu, die konkreten Parametrisierungen der Prozesse zu entwickeln. Zusätzlich halten Sie noch ein **Standardsystem,** so wie es vom Lieferanten ausgeliefert wurde für den Fall vor, dass eins der anderen Systeme im Eifer des Gefechts so "verkonfiguriert" wird, dass die Parametrisierung nicht mehr nachvollziehbar ist und Sie von vorne beginnen müssen.

Nach dem die Parametrisierung auf dem Entwicklungssystem im Laufe des Projektes stabil geworden ist und Sie nur noch Feinheiten korrigieren müssen, mutieren Sie dieses System zum **Vorproduktivsystem.** Auch die anderen Systeme wechseln im Laufe des Einführungsprozesses ihre Aufgaben, so dass wir am Ende im produktiven Betrieb über folgende drei Softwareversionen verfügen:

- ein **Produktivsystem,** auf dem wir ständig arbeiten, (dies war vorher die Standardversion)

- ein **Ersatz- und Integrationssystem**, welches auch als **Notsystem** bei dem Ausfall des Produktivsystems und als System für den Test von Neuerungen gilt (dies war vorher das Vorproduktivsystem) und

- ein **Entwicklungssystem**, wo wir zukünftig unabhängig von den anderen operativen Systemen neue Möglichkeiten ausprobieren und Erweiterungen entwickeln und parametrisieren können.

Die erste Aufgabe im Einführungsprozess besteht nun darin, das zukünftige Produktivsystem spiegelbildlich zum Vorproduktivsystem zu parametrisieren, damit das Vorproduktivsystem das Notsystem werden kann. Dann werden die echten Daten übernommen und mit umfangreichen Tests sichergestellt, dass das System stabil und einwandfrei funktioniert.

Da Transaktionssysteme die Eigenschaft haben, die Daten zu einem bestimmten in der Vergangenheit liegenden Zeitpunkt wieder herstellen zu können, ist das Team in der Lage, mit "scharfen" Daten reale Szenarien, wie sie später vorkommen werden, durchzuspielen. Hier ist nun auch der Zeitpunkt, wo letzte Änderungen vorgenommen werden können.

Nachdem das Team noch einmal alle Aufgaben, die wir im Vorherigen Abschnitt "Einführungsvorbereitungen" besprochen haben, auf ihre korrekte Ausführung kontrolliert hat, kann die eigentliche Inbetriebnahme stattfinden. Dies sollte am Besten an einem Wochenende stattfinden, da die Datenbestände noch einmal abgeglichen und die laufenden Vorgänge übertragen werden müssen.

Der Zeitpunkt der Übergabe und die nachfolgenden Tage erfordern die **Anwesenheit des ganzen Projektteams**. Je nach Größe und Umfang des Projektes werden sich die Systemanpassungen zur Behebung von kleineren Mängeln noch eine Zeit lang hinziehen. Ziel sollte aber immer sein, so schnell wie möglich zum Tagesgeschäft zurückzukehren.

Letzte Aufgabe des Teams ist nun, eine letzte Wirtschaftlichkeitsanalyse zu erstellen und sie in den Phasenabschlussbericht zu integrieren.

Der letzte Phasenabschlussbericht wird aller Erfahrung nach schon bereits wieder mögliche Änderungen und Projektanträge für mögliche Erweiterungen enthalten. Hier müssen Sie entscheiden, wo Sie den Schnitt am Sinnvollsten ansetzen.

Wichtigster Punkt für alle Beteiligten ist der Antrag auf Genehmigung des gesamten Projektes, dem nach einer positiv ausfallenden Review durch den Auftraggeber stattgegeben werden muss.

Am Ende dieser Phase sollte Ihnen die endgültig Version aller Dokumente übergeben werden, ergänzt durch den Phasenabschlussbericht und die Übergabeprotokolle.

7.5.6   Arbeitsweise in den Projektphasen

Jede der Projektphasen ist durch unterschiedliche Arbeits- und Denkweisen gekennzeichnet. Am Anfang müssen Sie mit einem weiten Fokus an die Aufgaben herangehen, um keine wichtigen Details zu übersehen. Je weiter das Projekt voranschreitet, können Detailaspekte jedoch zunehmend unnötige Verzögerungen oder unverhältnismäßigen Mehraufwand verursachen. Orientieren Sie sich daher während des gesamten Projektverlaufs am Think Big, Start Small-Prinzip. Moderieren Sie auch die Arbeiten Ihrer Mitarbeiter anhand dieses Leitfadens (Abbildung 25).

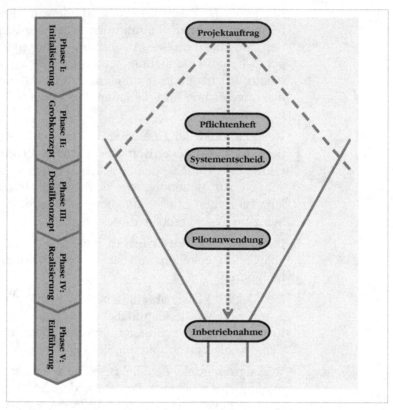

Abbildung 25: Think Big, Start Small im Projektverlauf

Weichen Sie nicht sofort bei der ersten Schwierigkeit vom Terminplan ab. Versuchen Sie durch Fokussierung des Notwendigen und Weglassen des Verzichtbaren Projektfortschritt und Ergebnisorientierung aufrecht zu erhalten. Terminverschiebungen haben oftmals auch eine nicht zu unterschätzende psychologische Komponente und sollten daher stets das hart umkämpfte letzte Mittel sein.

Sorgen Sie darüber hinaus für eine schriftliche Projektdokumentation, die für jede Phase die Aufgaben, ausgeführten Arbeiten und Ergebnisse dokumentiert. Dies gilt für Ihre Mitarbeiter wie auch Dienstleister.

Auch Budgetfreigaben und Lieferantenverträge sollten Sie stets phasenweise vereinbaren und freigeben. Dies minimiert erheblich Ihre Projektrisiken und gibt Ihnen ein mächtiges Steuerungsinstrument.

Anhang A: Checklisten

Checkliste 1:   Erfassung benötigter Hardware

Erfassung benötigter Hardware				
Pos.	Hardware	Beschreibung / Eigenschaften	Anzahl x Stück-preis	Gesamt-preis
1	Arbeits-platzsys-tem	Desktop Computer • Prozessor / Geschwindig-keit • Arbeitsspeicher • Festplattengröße • Grafikkarte / Bildschirm-auflösung • Schnittstellen / Netzwerk-fähigkeit		
		Serviceleistungen • 3 Jahre vor-Ort-Garantie • Wartung / Service im Haus des Lieferanten • Anlieferung und Aufbau inkl. Prüfung der Funkti-onsfähigkeit • Liefertermin / -fristen • Finanzierung • Hard- / Softwareeinwei-sung		
		Flachbildschirm 17˝ / 19˝ • TCO-Norm eingehalten		

Erfassung benötigter Hardware

Pos.	Hardware	Beschreibung / Eigenschaften	Anzahl x Stück-preis	Gesamt-preis
		Maus und Tastatur		
		Betriebssystem: • Zulässige Lizenzen • Kompatibilität zur ausge-wählten Software • Ggf. Schulung / Einwei-sung		
2	Mobiles Arbeits-platzsys-tem	Analog Desktop-Arbeitsplatz, nur • Tasche • Ggf. Docking-Station mit Tastatur • Austauschservice, Ersatz-gerät bei Beschädigung oder Verlust		
3	Drucker	Leistungen des Druckers • Farbdruck / SW • Formate und Papierarten • Seiten pro Minute • Anschlüsse / Netzwerkfä-higkeit • Druckkosten pro Seite		
		Serviceleistungen analog Desk-top-Arbeitsplatz		
3	Server	Analog Desktop-Arbeitsplatz, nur • Überspannungsschutz • Notstromversorgung		

Erfassung benötigter Hardware

Pos.	Hardware	Beschreibung / Eigenschaften	Anzahl x Stück- preis	Gesamt- preis
4	Netzwerk	Komponenten: • LAN oder WLAN Router		
		• Switch		
		• Patchfelder und Verkabe-lung		
		• Firewall oder weitere Si-cherheitskomponenten		
		• ggf. Technikraum (bauli-che Vorschriften beachten)		
		• Wartung und Service		

Checkliste 2:   **Erfassung benötigter Zusatzsoftware**

Erfassung benötigter Zusatzsoftware

Thema:	
Logistik	☐
PPS	☐
Spezialsoftware	☐
CAD / CAM	☐
Web-Shop	☐
EDI	☐
Beschreibung:	_____
Mögliche Systeme:	_____
Kostenrahmen:	_____
Schnittstellen zum ERP-System:	_____

Checkliste 3:   Bewertung der Anbieter

Bewertung der Anbieter

Status	Faktor	Anbieter 1	Anbieter 2	Anbieter 3
Erfüllung der Anforderungen	*			
Preise und Konditionen	*			
Notwendige Infrastruktur	*			
Anbieterprofil/ Referenzen	*			
Zertifizierung des Anbieters				
Qualität des Angebotes	*			
Referenzmodell				
Vorgehensmodell				
Präsenz / Nähe des Anbieters				
...				
Summe				

Checkliste 4: Salesliste (Beispiel)

Salesliste

Status	Beschreibung	WS	Zielkunde	Auftrags-beschreibung	Auftrags-volumen		Kommentar
					un-gew.	ge-wich-tet	
-1-	Projekt identi-fiziert; Aus-schreibung bzw. Ange-bots-auforderung erfolgt	0%	Tomaten Meier	Werbekampag-ne Großhandel	5'000	-	
			Bäckerei Holtendorf	Osteraktion	1'500		
			Groß-bäckerei Billigmann	Neukunden-gewinnung	11'000		Angebotsstel-lung fraglic wegen Kun(Holtendorf
-2-	Angebot abge-geben	10%	Spenglerei Altendorf	Gestaltung Website	8'000	800	Forcieren! Zi(3 Angebote der nächst(Woche
-3-	Unklare oder schlechte Er-folgsaus-sichten, meh-rere Wettbe-werber vor-handen	30%	Ver-sicherungs-agentur Müller	Erstellen eines individuellen Designs für Print, Schrift-verkehr und Internet	3'300	1'100	
			Supermarkt Gut+Billig	Haushalts-prospekte Q3/2006	2'100	700	

Salesliste

Status	Beschreibung	WS	Zielkunde	Auftrags-beschreibung	Auftrags-volumen		Kommentar
					un-gew.	ge-wich-tet	
-4-	Angebotsnach-besprechung erfolgt; Ab-stimmung mit potenziellem Kunden ergibt Erfolgsaus-sichten 50:50;	50%	Feinkost Lecker-mann	Neugestaltung der Werbemit-tel	3'400	1'700	
			Bäckerei Holtendorf	Jubiläums-werbung 2006	4'000	2'000	
-5-	Weitere Ab-stimmungen ergeben favori-sierte Rolle beim Kunden	70%	Apotheke Am Markt	Frühlings-kampagne 2006	2'000	1'400	
-6-	Angebot mündlich zu-gesagt; LOI	90%	Schreib-waren	Schaufenster-gestaltung	1'200	1'080	
-7-	Zusage schrift-lich eingegan-gen	100 %	Stahlwerke Rauchmann	Neugestaltung eines inter-nationalen Au-ßenauftrittes	14'000	14'000	Umsetzung blockt derzeit alle Kapazitäten
			Bäckerei Holtendorf	Weihnachtsde-ko und -werbung	2'300	2'300	
-9-	Absage erfolgt	0%	Stadtver-waltung Dieseldorf	Konzeption Internet-angebote	12'000		

Checkliste 5: Aufwandsschätzung Vertrieb

Aufwandsschätzung Vertrieb

Status	Beschreibung	WS	Vertriebsaufwand (AT = Arbeitstag)	Aufwand für folgreiches Pjekt (Vertrie aufwand / WS)
-1-	Projekt identifiziert; Ausschreibung bzw. Angebotsauforderung erfolgt	0 %		
-2-	Angebot abgegeben	10 %	1 AT für Ermittlung Bedürfnisse und Erstellen Angebot	10 AT
-3-	Unklare oder schlechte Erfolgsaussichten, mehrere Wettbewerber vorhanden	30 %	0,25 AT für Nachfassen	ca. 0,85 AT
-4-	Angebotsnachbesprechung erfolgt; Abstimmung mit potenziellem Kunden ergibt Erfolgsaussichten 50:50;	50 %	0,5 AT für Vor- und Nachbereitung sowie Durchführung	1 AT
-5-	Weitere Abstimmungen ergeben favorisierte Rolle beim Kunden	70 %	0,5 AT	ca. 0,7 AT
-6-	Angebot mündlich zugesagt; LOI	90 %	0,25 AT	ca. 0,3 AT
-7-	Zusage schriftlich eingegangen	100 %	0,5 AT	0,5 AT
-9-	Absage erfolgt	0 %		
	Durchschnittlicher Gesamtaufwand für ein erfolgreiches Angebot			13,35 AT

Checkliste 6:   **Beurteilung der Ergebnisse der Phase I "Initialisierung" bei der Einführung eines Standard ERP-Systems**

Beurteilung der Ergebnisse der Phase I "Initialisierung" bei der Einführung eines Standard ERP-Systems

(Quelle: PROMET® IMG AG)

Wurden alle interessierten/betroffenen Stellen informiert und in die Planung miteinbezogen? ☐

Sind alle Projektmitglieder über die Ziele des Projekts und ihre Aufgaben informiert? ☐

Sind alle Projektmanagement-Instanzen über ihren Auftrag informiert worden? ☐

Sind alle gesetzlichen und betrieblichen Auflagen berücksichtigt worden? ☐

Sind übergeordnete Ziele und Strategien beachtet und eingehalten worden? ☐

Wurden die Projektrisiken abgeschätzt und angemessene Maßnahmen getroffen? ☐

Ist die Abgrenzung unter den einzelnen Teilprojekten klar definiert? ☐

Wurde überprüft, ob allfällige weitere Projekte des Projektportfolios das laufende Projekt beeinflussen bzw. miteinbezogen werden könnten? ☐

Beurteilung der Ergebnisse der Phase I "Initialisierung" bei der Einführung eines Standard ERP-Systems

(Quelle: PROMET® IMG AG)

Wurde überprüft, ob allfällige bestehende Lösungen wieder verwendet werden können? ☐

Wurde überprüft, ob die notwendigen finanziellen, personellen und materiellen Ressourcen verfügbar sind bzw. beschafft werden können? ☐

Hat das Vorhaben eine realistische Realisierungszeit? ☐

Sind die Meilensteine mit den verfügbaren Ressourcen erreichbar? ☐

Entspricht die Projektorganisation den Anforderungen des Projektes? ☐

Sind die (Grob)-Aktivitätenpläne für die einzelnen Teilprojekte erstellt worden? ☐

Sind die Mitarbeiter mit den notwendigen Qualifikationen ernannt und verfügbar? ☐

Ist die Projektinfrastruktur zweckmäßig eingerichtet? ☐

Ist ein Schulungsplan für die Projektmitarbeiter erstellt worden? ☐

**Beurteilung der Ergebnisse der Phase I "Initialisierung"
bei der Einführung eines Standard ERP-Systems**

(Quelle: PROMET® IMG AG)

Kann die Phase Initialisierung freigegeben und mit
den Aktivitäten der Phase Grobkonzept begonnen
werden?

Checkliste 7: **Beurteilung der Ergebnisse der Phase II "Grobkonzept" bei der Einführung eines Standard ERP-Systems**

Beurteilung der Ergebnisse der Phase II "Grobkonzept" bei der Einführung eines Standard ERP-Systems

(Quelle: PROMET® IMG AG)

Umfasst der Untersuchungsbereich die denkbaren Lösungsbereiche? ☐

Müssen die Grenzen des Untersuchungsbereichs eventuell noch verändert werden? ☐

Wurde die Erhebung in einer der Situation angepassten Tiefe durchgeführt? ☐

Sind die Geschäftsprozesse und Aufgaben so tief wie für das weitere Projekt notwendig analysiert und beschrieben worden? ☐

Sind sämtliche, für das Projekt relevanten, EDV-Lösungen identifiziert und beschrieben worden? ☐

Sind alle Daten, wie Formulare, Listen, Berichte, Karteien und Dateien so tief wie notwendig analysiert und beschrieben worden? ☐

Wurde die Sicherheit und der Datenschutz situationsgerecht analysiert und bewertet? ☐

Entsprechen die Systemziele den zu lösenden Problemen aus der Analyse? ☐

**Beurteilung der Ergebnisse der Phase II "Grobkonzept"
bei der Einführung eines Standard ERP-Systems**

(Quelle: PROMET® IMG AG)

Stehen die Systemziele nicht in Konflikt mit den Projektrandbedingungen?

Ist die Wirtschaftlichkeit realistisch und plausibel?

Sind die Systemziele mit den Unternehmungszielen im Einklang?

Sind die gesetzten Systemziele erreichbar?

Wurden alle vertretbaren Lösungen untersucht?

Wurden die Anforderungen der neuen Lösung mit der Funktionalität der neuen Standardsoftware abgeglichen und der Funktionsabdeckungsgrad grob ermittelt?

Wurde untersucht, ob geplante oder vorhandene Lösungen verwendet werden können?

Erfüllen die Lösungsvorschläge die gesetzten Systemziele und Systemanforderungen?

Ist die Begründung für die vorgeschlagene Lösung stichhaltig und ausreichend?

Beurteilung der Ergebnisse der Phase II "Grobkonzept" bei der Einführung eines Standard ERP-Systems

(Quelle: PROMET® IMG AG)

Kann die vorgeschlagene Lösung ohne größere Probleme ins bestehende Umfeld integriert werden? ☐

Wird die vorgeschlagene Lösung von der Fachabteilung unterstützt? ☐

Berücksichtigen die Lösungen mögliche Entwicklungen des Umfelds? Ist die Lösung nicht nur auf die heutige Situation ausgelegt? ☐

Sind die möglichen Auswirkungen der Lösungen analysiert und beurteilt worden? ☐

Ist die vorgeschlagene Lösung technisch realisierbar? ☐

Wurde der Bericht allen Beteiligten zur Stellungnahme unterbreitet? ☐

Wurde der Fachausschuss zur Würdigung des Abschlussberichts aufgefordert und zum Phasenreview eingeladen? ☐

Fasst der Bericht die Ergebnisse und Entscheidungssituation verständlich und korrekt zusammen? ☐

Entspricht die Projektorganisation den Anforderungen der nächsten Phase noch? ☐

Beurteilung der Ergebnisse der Phase II "Grobkonzept" bei der Einführung eines Standard ERP-Systems

(Quelle: PROMET® IMG AG)

Sind die Mitarbeiter mit der notwendigen Qualifikation verfügbar? ☐

Sind die notwendigen Mittel verfügbar, um die nächste Phase abzuwickeln? ☐

Ist der Projektplan innerhalb des gesetzten Rahmens (Termine/Aufwände)? Sind bei Abweichungen angemessene Maßnahmen getroffen worden? ☐

Wurden die Projektrisiken abgeschätzt und angemessene Maßnahmen getroffen? ☐

Sind die geplanten QS-Maßnahmen geeignet und wirksam? ☐

Sind die zuständigen Koordinations- und Kontrollstellen informiert oder einbezogen? ☐

Kann die Phase Grobkonzept freigegeben und mit den Aktivitäten der Phase Detailkonzept begonnen werden? ☐

Checkliste 8: **Beurteilung der Ergebnisse der Phase III "Detailkonzept" bei der Einführung eines Standard ERP-Systems**

Beurteilung der Ergebnisse der Phase III "Detailkonzept" bei der Einführung eines Standard ERP-Systems

(Quelle: PROMET® IMG AG)

Wurden sämtliche Aufgaben und Geschäftsprozesse auf der Standardsoftware abgebildet, getestet und dokumentiert? ☐

Wurde der Fachbereich ausreichend in das Prototyping miteinbezogen? ☐

Wurden sämtliche Geschäftsprozesse und Aufgaben ausreichend gewürdigt und aus geschäftlich-organisatorischer Sicht neu konzipiert? ☐

Wurde das Berichtswesen ausreichend analysiert und hinsichtlich der neuen Anforderungen überarbeitet? ☐

Wurde als Folge des Prototypings die Aufbauorganisation entsprechend den neuen Abläufen umstrukturiert? ☐

Existieren Sachverhalte, die bei der Umsetzung des Organisationskonzepts zu Problemen führen könnten? ☐

Ist das Organisationskonzept von der Fachabteilung akzeptiert? ☐

Wurde der Funktionsabdeckungsgrad ermittelt und allfällige Zusatzprogrammieraufträge identifiziert und beschrieben? ☐

Beurteilung der Ergebnisse der Phase III "Detailkonzept" bei der Einführung eines Standard ERP-Systems

(Quelle: PROMET® IMG AG)

Sind sämtliche für das Projekt relevanten Schnittstellen identifiziert und beschrieben worden? ☐

Sind Modifikationsanträge nur durch den Steuerungsausschuss bearbeitet worden? ☐

Wurden sämtliche Alternativen zu Programmierung und Modifikation ausreichend geprüft? ☐

Sind die Kosten und der Zeitaufwand für die Realisierung ermittelt worden? Wurde die Wirtschaftlichkeit vor dem Realisierungsentscheid ausreichend geprüft? ☐

Sind die Programmier-Vorgaben den Anforderungen entsprechend und verständlich? ☐

Wurde das Sachmittelkonzept erstellt? Sind die Anträge für Neuanschaffungen frühzeitig vorgelegt worden? ☐

Wurden sämtliche zu übernehmenden Daten ausreichend analysiert? Wurden die Programmiervorgaben für die Übernahmeprogramme erstellt? ☐

Wurde der Schulungsplan erstellt? Sind die Schulungstermine fixiert, die Referenten bestimmt, die Teilnehmer eingeladen und die Räumlichkeiten für die Schulung reserviert worden? ☐

Wurde der Einführungsplan für die Zeit vor und nach dem Produktivstart erstellt? Ist der Einführungsplan bzw. der Produktivstart-Termin realistisch? ☐

Beurteilung der Ergebnisse der Phase III "Detailkonzept" bei der Einführung eines Standard ERP-Systems

(Quelle: PROMET® IMG AG)

Wurde für ein allfälliges Versagen des neuen Systems am „Tag X" ein Fall-Back-Plan erstellt, der die notwendigen Maßnahmen enthält? ☐

Wurde der Bericht allen Beteiligten zur Stellungnahme unterbreitet? ☐

Wurde der Fachausschuss zur Würdigung des Abschlussberichts aufgefordert und zum Phasenreview eingeladen? ☐

Fasst der Bericht die Ergebnisse und Entscheidungssituation verständlich und korrekt zusammen? ☐

Entspricht die Projektorganisation den Anforderungen der nächsten Phase noch? ☐

Sind die Mitarbeiter mit der notwendigen Qualifikation verfügbar? ☐

Sind die notwendigen Mittel verfügbar, um die nächste Phase abzuwickeln? ☐

Ist der Projektplan innerhalb des gesetzten Rahmens (Termine/Aufwände)? Sind bei Abweichungen angemessene Maßnahmen getroffen worden? ☐

Wurden die Projektrisiken abgeschätzt und angemessene Maßnahmen getroffen? ☐

**Beurteilung der Ergebnisse der Phase III "Detailkonzept"
bei der Einführung eines Standard ERP-Systems**

(Quelle: PROMET® IMG AG)

Sind die geplanten QS-Maßnahmen geeignet und wirksam? ☐

Sind die zuständigen Koordinations- und Kontroll-stellen informiert oder einbezogen? ☐

Kann die Phase Detailkonzept freigegeben und mit den Aktivitäten der Phase Realisierung begonnen werden? ☐

Checkliste 9: **Beurteilung der Ergebnisse der Phase IV "Realisierung" bei der Einführung eines Standard ERP-Systems**

Beurteilung der Ergebnisse der Phase IV "Realisierung" bei der Einführung eines Standard ERP-Systems

(Quelle: PROMET® IMG AG)

Sind sämtliche Funktionen parametrisiert und funktionstüchtig? ☐

Sind die Schnittstellenprogramme realisiert und ausreichend getestet worden? ☐

Sind alle identifizierten Zusatzfunktionen programmiert und ausreichend getestet worden? ☐

Sind sämtliche periodischen Funktionen eingerichtet, dokumentiert und das Operating-Personal instruiert worden? ☐

Sind sämtliche Batch-Jobs eingerichtet und die Voraussetzungen zum Start der Jobs ausreichend beschrieben worden? ☐

Sind die Benutzerprofile eingerichtet und der Zugriffsschutz getestet worden? ☐

Sind sämtliche Änderungen an den Einstellungen auch in den Ergebnisdokumenten nachgeführt worden? ☐

Sind sämtliche Geschäftsprozesse und Aufgaben zur Zufriedenheit aller Beteiligten eingerichtet und dokumentiert worden? ☐

**Beurteilung der Ergebnisse der Phase IV "Realisierung"
bei der Einführung eines Standard ERP-Systems**

(Quelle: PROMET® IMG AG)

Wurden sämtlich Berichte, Formulare und Listen gemäß Konzept eingerichtet, getestet und durch die Fachabteilungen abgenommen? ☐

Entspricht die eingerichtete Unternehmensstruktur den heutigen Anforderungen des Unternehmens? ☐

Wurde die zukünftige Entwicklung des Unternehmens dabei ausreichend berücksichtigt? ☐

Findet das Organisationskonzept die Akzeptanz der Fachabteilungen? ☐

Ist das Organisationskonzept wirtschaftlich vertretbar? ☐

Wurden sämtliche Restriktionen berücksichtigt? ☐

Ist die System- und Organisationsdokumentation vollständig? ☐

Wurden die Dokumentationsstandards eingehalten? ☐

Wurde die Dokumentation sowohl physisch, als auch elektronisch archiviert? ☐

Beurteilung der Ergebnisse der Phase IV "Realisierung" bei der Einführung eines Standard ERP-Systems

(Quelle: PROMET® IMG AG)

Wurden die Empfänger der Dokumentation bestimmt? ☐

Wurde das Vorproduktivsystem mit vordefinierten Testfällen getestet, die Testergebnisse dokumentiert und allfällige Maßnahmen getroffen? ☐

Kann auf Grund der Prüfprotokolle die Systemabnahme erfolgen? ☐

Sind die festgestellten Mängel behoben worden? ☐

Sind sämtliche Datenübernahmeprogramme realisiert und ausreichend getestet worden? ☐

Wurde die Dauer für die Datenübernahme anhand von Tests mit Massendaten ermittelt und im Einführungsplan berücksichtigt? ☐

Sind sämtliche Stammdaten, welche nicht automatisch übernommen werden, erfasst und kontrolliert? ☐

Sind sämtliche Sachmittel installiert und funktionsfähig? ☐

Sind die Mitarbeiter der Fachabteilungen sowohl an der neuen Standardsoftware als auch in der Anwendung des neuen Organisationskonzepts ausreichend geschult worden? ☐

**Beurteilung der Ergebnisse der Phase IV "Realisierung"
bei der Einführung eines Standard ERP-Systems**

(Quelle: PROMET® IMG AG)

Sind alle Betroffenen über die Neuverteilung der Aufgaben und Zuständigkeiten informiert worden? ☐

Sind alle organisatorischen Voraussetzungen für den Betrieb des Systems vorhanden? ☐

Wurde der Einführungsplan unter Berücksichtigung von zeitlichen und personellen Ressourcen erstellt und überprüft? Ist der Einführungsplan realistisch? ☐

Wurden die Maßnahmen für ein allfälliges Versagen des Produktivsystems im Fall-Back-Plan beschrieben und alle Beteiligten darüber informiert? ☐

Wurde ein Backupkonzept für die Sicherstellung der Daten erstellt? Ist das Operating-Personal informiert worden? ☐

Wurde der Backup getestet und das Vorhandensein der Kopie der Daten auf dem externen Datenträger überprüft? ☐

Ist die Unterstützung bei Anwendungs- und Betriebsproblemen geregelt? ☐

Ist die Wartung des Systems geregelt? Gibt es einen Wartungsvetrag? ☐

Ist der Systemverantwortliche ernannt und eingesetzt? ☐

**Beurteilung der Ergebnisse der Phase IV "Realisierung"
bei der Einführung eines Standard ERP-Systems**

(Quelle: PROMET® IMG AG)

Wurde der Bericht allen Beteiligten zur Stellungnahme unterbreitet? ☐

Wurde der Fachausschuss zur Würdigung des Abschlussberichts aufgefordert und zum Phasenreview
eingeladen? ☐

Fasst der Bericht die Ergebnisse und Entscheidungssituation verständlich und korrekt zusammen? ☐

Ist das Personal für die Phase Einführung vorhanden und über die Aufgaben zur Produktivsetzung
des neuen Systems informiert? ☐

Wurden die Projektrisiken abgeschätzt und angemessene Maßnahmen getroffen? ☐

Sind die zuständigen Koordinations- und Kontroll-
stellen informiert oder einbezogen? ☐

Ist das System (EDV und Organisation) bereit für
den Produktivstart? ☐

Kann die Phase Realisierung freigegeben und mit
den Aktivitäten zur Produktivsetzung des Systems
begonnen werden? ☐

Checkliste 10:   Beurteilung der Ergebnisse der Phase V "Einführung" bei der Einführung eines Standard ERP-Systems

Beurteilung der Ergebnisse der Phase V "Einführung" bei der Einführung eines Standard ERP-Systems

(Quelle: PROMET® IMG AG)

Konnte das Tagesgeschäft in den ersten Wochen nach dem Produktivstart ohne große Behinderungen erledigt werden? ☐

Wurden sämtliche kurzfristig notwendigen Änderungen vorgenommen? ☐

Wurde die Dokumentation an die Fachabteilung und an die EDV übergeben? ☐

Wurden Weiterentwicklungsanträge an zentraler Stelle gesammelt? ☐

Wird das System durch die Fachabteilungen akzeptiert? ☐

Wurde die Fachabteilung in den ersten Tagen des Produktivbetriebs ausreichend unterstützt? ☐

Ist für den laufenden Betrieb eine Hotline eingerichtet worden? Funktioniert diese? ☐

Ist die Unterstützung bei Anwendungs- und Betriebsproblemen durch die Hard- und Softwarelieferanten geregelt? Funktioniert diese? ☐

Beurteilung der Ergebnisse der Phase V "Einführung" bei der Einführung eines Standard ERP-Systems

(Quelle: PROMET® IMG AG)

Wurde der Projektabschlussbericht allen Entscheidern zur Stellungnahme unterbreitet? ☐

Fasst der Bericht die Ergebnisse und Entscheidungssituation verständlich und korrekt zusammen? ☐

Wurde der Fachausschuss zur Würdigung des Projektabschlussberichts aufgefordert und zur Systemabnahme eingeladen? ☐

Sind alle festgestellten Mängel behoben worden? ☐

Sind alle Ergebnisse erstellt und alle Dienstleistungen erbracht worden? ☐

Sind alle vertragsrelevanten Vereinbarungen erfüllt? ☐

Kann auf Grund der Prüfprotokolle und des Projektabschlussberichts die Systemabnahme erfolgen? ☐

Checkliste 11:   Beurteilung eines externen Dienstleisters für Rechencenteraufgaben

Beurteilung eines externen Dienstleisters für Rechencenteraufgaben

Arbeitet das Center 365 Tage im Jahr im 7 mal 24 Stunden Betrieb und haben Sie jederzeit Zugriff auf ihre Daten? Ist eine Verfügbarkeit von 99,9 % sichergestellt?	☐
Ist während der Betriebszeit der Support und Service sofort und ohne Warteschleifen erreichbar und kompetent besetzt?	☐
Sind alle Geräte, inklusive der Infrastrukturgeräte, wie Klimaanlage ausfallsicher mit Strom versorgt? Steht eine Notstromanlage für alle Geräte zur Verfügung?	☐
Wird die Notstromversorgung regelmäßig gewartet und getestet?	☐
Ist der Anbieter bereit, Ihnen seine Infrastruktur genau zu zeigen und zu erklären?	☐
Sind die Räumlichkeiten aufgeräumt, sauber, hell und übersichtlich?	☐
Werden die Räume (inklusive der Neben- und Infrastrukturräume) zusätzlich mit Kameras, Bewegungs- und Feuermelder überwacht?	☐
Sind die Systeme gegenüber Besuchern geschützt und bestehen Kotrollen und Aufzeichnungen, wer die Betriebsräume des Rechencenters betritt?	☐

Beurteilung eines externen Dienstleisters für Rechencenteraufgaben

Gibt es mehrstufige Zugsangskontrollen? ☐

Werden aus Sicherheitsgründen auch an Ihnen als potentiellem Kunden strenge Zugangsmaßstäbe angelegt? ☐

Verfügt der Anbieter über wenigstens zwei wirklich unabhängige Internetzugänge zu verschiedenen Hauptknoten? ☐

Führen diese Zugänge zu den Hauptknoten von verschiedenen Seiten in das Rechencenter und verlaufen die Leitungen zu diesen Hauptknoten unabhängig von einander? ☐

Ist die immer zur Verfügung stehende Bandbreite des Rechencenters nach außen immer weit höher als der Bedarf? ☐

Kann diese Bandbreite bei Bedarf automatisch erhöht werden und an Spitzennachfragen angepasst werden? ☐

Steht eine in der Größe angemessene und ausfallsichere Klimaanlage zur Verfügung? ☐

Ist das Center durch präventive Maßnahmen gegen Brand und Hochwasser geschützt? ☐

Steht eine automatische Löschanlage für alle Räume zur Verfügung, die für die Aufrechterhaltung eines ordnungsgemäßen Betriebes wichtig sind? ☐

Beurteilung eines externen Dienstleisters für Rechencenteraufgaben

Wird die Datensicherung permanent bei laufendem Betrieb durchgeführt? ☐

Werden zusätzlich mehrmals täglich Momentaufnahmen des Datenbestandes gemacht? ☐

Werden diese gesicherten Daten wiederum kopiert und für Notfälle bereitgehalten? ☐

Werden die Back-Up-Daten räumlich so getrennt aufbewahrt, dass ein Katastrophenfall nicht alle Daten vernichten kann? ☐

Gibt es einen detaillierten "Disaster Recovery Plan" der auf alle Eventualitäten eingeht? ☐

Wird es Ihnen gestattet, diesen zu überprüfen und die Mitarbeiter zu diesem Plan und ihrer Rolle in Notfällen zu befragen? ☐

Wird die Wiederherstellung der Datenbestände, sowie das Verhalten in diverse Notfallszenarien regelmäßig geübt? ☐

Wird über alle Handlungen, die die Datenbestände und den Betrieb des Centers betreffen, genauestens Protokoll / Logbuch geführt, welches auch in Notsituationen nicht verloren geht? ☐

Besteht eine klar dokumentierte Anti-Viren, -Spam, -Trojaner-Politik? ☐

Beurteilung eines externen Dienstleisters für Rechencenteraufgaben

Kann das Rechencenter Daten, die Sie aus Versehen gelöscht haben, auch noch 6 Wochen nach dem Ereignis rekonstruieren und Ihnen zurückspielen? □

Kann das Rechencenter den sicheren Transport der Daten bis in Ihre eigenen Systeme vor Ort oder unterwegs gewährleisten? □

Werden die Daten, die zu Ihnen geliefert werden, gemäß der von Ihnen gewünschten Sicherheitsstufe verschlüsselt? □

Kann Ihnen jederzeit und automatisch flexible Bandbreite zur Verfügung gestellt werden? □

Können Sie jederzeit die Daten, die im Rechencenter lagern wieder zurück auf Ihr eigenes System oder das eines Wettbewerbers des Rechencenters kopieren? □

Können Sie zwischen Housing, Co-Location und Hosting-Angeboten schnell und unbürokratisch wechseln? □

Werden Ihnen gleichzeitig Zugänge über WEB, VPN und mobile Endgeräte gewährt, sind Direktzugang und Datenreplikationsverfahren nebeneinander möglich? □

Können Ihnen echte integrierte Gesamtlösungen angeboten werden, bei denen Sie nur noch die Zugangsgeräte und die persönliche Arbeitsumgebung stellen müssen? □

Sind integrierte Lösungen, mit Email, DSL, VOIP, Hosting, ASP von CRM und/oder ERP-Systemkomponenten möglich? □

Beurteilung eines externen Dienstleisters für Rechencenteraufgaben

Kann das Rechencenter Ihnen Lösungen anbieten, die genau auf Ihre Unternehmensgröße passen, und können diese Lösungen während der Vertragszeit schnell erweitert oder reduziert werden? ☐

Entspricht das Rechencenter auch den besonderen Anforderungen, die Sie möglicherweise durch Ihre Zugehörigkeit zu einer bestimmten Berufsgruppe oder Branche erfüllen müssen? ☐

Anhang B: Sicherheitsanforderungen

1

Die Bedeutung der Sicherheit im Unternehmen wird unterschätzt.

Gerade im Anfang, wo noch nicht alles perfekt klappt und die Mitarbeiter noch nicht aufeinander eingespielt sind, können Gefahrenzonen schnell und unbemerkt entstehen. Auch müssen Sie entscheiden welchen Teil des Zeit- und Kostenbudgets Sie sinnvollerweise für die Systemsicherheit einsetzen. Machen Sie sich bewusst, wo Sie beispielsweise mit personenbezogenen Daten oder mit vertraulichen Informationen über Ihre Partner arbeiten und ob ausreichender Schutz vorgesehen ist. Überlegen Sie gleich bei dem Design Ihrer Prozesse, wo Sicherheitsprobleme auftreten könnten. Überprüfen Sie Ihre Ausschreibungsunterlagen für die Anschaffung Ihrer IT, ob das System auch Ihren Sicherheitsbedürfnissen genügt.

2

Es sind keine Prozesse und Abläufe definiert, um die Sicherheit aufrecht zu erhalten.

Im Anfang müssen Sie viele Prozesse definieren und einführen. Sie sind aber schlecht beraten, wenn Sie die Prozesse, die die Datensicherheit betreffen, erst einmal aufschieben, um später, wenn Sie wissen, ob Ihr neues Unternehmen auch so funktioniert, wie Sie es denken, wieder darauf zurückzukommen. Dann können schon die ersten Pannen Kosten verursacht haben. Am Besten Sie sehen IT-Sicherheit als integrativen Bestandteil Ihrer Prozesssicherheit. Damit wird IT-Sicherheit ein selbstverständlicher Teil des ganzen Unternehmensablaufs und später weniger als ein notwendiges Übel gesehen.

3

Es gibt zwar Anweisungen, die die Aufrechterhaltung der IT-Sicherheit beinhalten, diese sind aber nicht dokumentiert.

Was nicht dokumentiert ist, findet nicht statt – besonders wenn kein unmittelbarer Zwang zu erkennen ist. Wenn Sie andere Dinge im Unternehmen dokumentieren, Abläufe und Prozesse zur IT-Sicherheit aber nicht, bekommen diese automatisch einen geringeren Stellenwert, und eine Weiche ist schon im Anfang falsch gestellt. Gerade weil Ihr Unternehmen und Ihre Mitarbeiter neu sind und es noch kein allgemeines Verständnis von den Dingen gibt, hilft eine schriftliche Dokumentation der Sicherheitsabläufe, die Kultur Ihres Unternehmens positiv zu prägen.

4

Die Einhaltung der Anweisungen und Richtlinien zu Datensicherheit wird nicht kontrolliert.

Kontrolle ist eine wichtige Führungsaufgabe, gerade im Anfang. Hier können Sie durch eine konstruktive Kontrolle den Aufbau ihres Unternehmens so steuern, dass später die Einhaltung der Sicherheitsvorschriften eine Selbstverständlichkeit wird.

5

Die Nichteinhaltung der Sicherheitsrichtlinien wird nicht geahndet.

Die Nichteinhaltung von klaren Sicherheitsvorschriften ist einer Arbeitsverweigerung gleichzusetzen, sie stellt darüber hinaus eine fahrlässige oder vorsätzliche Gefährdung des Unternehmens dar. Behandeln Sie Verstöße gegen die IT-Sicherheit mit der gleichen Strenge wie andere Gefährdungen des Unternehmens durch Ihre Mitarbeiter. Setzen Sie gleich zu Anfang die richtigen Zeichen.

6

Bequemlichkeit macht sich breit.

Seien Sie sich von Anfang an bewusst, dass hier der häufigste Grund für eine IT-Katastrophe liegt. Bemühen Sie sich bewusst unbequem zu sein, um den Anfängen zu wehren. Beobachten Sie sich und Ihre Mitarbeiter von Anfang an daraufhin, ob Sie sich nicht in ungenügender oder falscher IT-Sicherheit wähnen.

7

Falsch verstandene Kollegialität unter den Mitarbeitern verhindert die Einhaltung von Sicherheitsregeln.

Erst durch Teamgeist und gegenseitiges Vertrauen werden die Zusatzleistungen erbracht, die ein junges Unternehmen braucht, um schnell erfolgreich zu werden. In einer Phase, wo der einzelne Mitarbeiter sich nicht fragt, ob er nun zuständig ist oder nicht, sondern die anstehenden Aufgaben sieht und sie erledigt, wirken notwendige Vorschriften und Abgrenzungen oft hemmend und demotivierend. Hier ist starke Führung gefragt, um einerseits den Schwung zu erhalten und andererseits die Mitarbeiter von der Notwendigkeit dieser Vorschriften zu überzeugen.

8

Die Vergabe von Passwörtern und Zulassungen wird zu lasch gehandhabt.

Auch hier gilt, dass es viel einfacher ist, die Handhabung der Passwörter schon im Anfang gleich richtig als Prozess zu etablieren als später darauf zurückkommen zu müssen.

9

Es werden IT-Zugangsrechte an Personen vergeben, die sie gar nicht oder nicht in dem erlaubten Umfang brauchen.

Dieses Problem ist besonders häufig in jungen, schnell wachsenden Unternehmen anzutreffen. Die ersten wenigen Mitarbeiter hatten viele Rechte, da sie viele Rollen inne hatten und verschiedene Aufgaben erledigen mussten. Mit zunehmender Mitarbeiterzahl müssen sie sich spezialisieren und vielleicht auf eine Rolle beschränken, dies führt auch zu einer Reduktion der Zugangsrechte auf den Systemen. Es hilft gleich zu Anfang bei der Definition der Prozesse, auch die dazugehörigen Rollen mit ihren Rechten festzulegen. Auf diese Weise wird die Beschränkung der Rechte vom Mitarbeiter nicht als Vertrauensentzug gewertet, sondern als eine aufgabenbedingte Selbstverständlichkeit.

10

Die Einstellung und die Parametrisierung der Systeme sind falsch.

Damit müssen Sie besonders in der Gründungsphase rechen. Natürlich werden Sie die neuen Systeme vor der Einführung genau testen, aber im täglichen Betrieb zeigen sich dann schnell Dinge, die auf der grünen Wiese nicht aufgefallen sind. Hier hilft nur ein bewusstes Überwachen und genaues

Mitverfolgen und schnelles Korrigieren, bevor Schäden entstehen. In manchen Fällen müssen Sie vielleicht auch eine Auditierung durch einen sachverständigen Dritten durchführen lassen.

11

IT-Systeme sind an Netze angeschlossen, an die sie aus Prozessgründen nicht angeschlossen werden brauchen.

Eine erste Maßnahme, um diese Probleme gar nicht aufkommen zu lassen, ist eine saubere Prozessbeschreibung und eine Definition der Aufgaben des einzelnen Arbeitsplatzes. So sehen Sie, welche Netzwerkverbindung Sie wirklich nach Art und Umfang brauchen. Alles was Sie nicht brauchen, sollte aus Sicherheitsgründen auch nicht verfügbar sein. Es ist immer das sicherere Vorgehen, erst alle Verbindungen zu schließen, um nach und nach diejenigen zu öffnen, die man wirklich braucht, als erst einmal alles zu öffnen, um nachher das zu schließen, was man nicht braucht.

12

IT-Systeme sind gegenüber dem Netz, an das sie angeschlossen sind nicht genügend gesichert.

Dieses Problem ist nicht nur im Anfang akut, sondern ein Dauerbrenner, denn jedes Mal, wenn an der Konfiguration eines Systems, das im Netz arbeitet, etwas geändert wird, ist diese Sicherheitsfrage zu stellen. Im Anfang kann es hilfreich sein, sich von außen von einem darauf spezialisierten Unternehmen überprüfen zu lassen.

13

Die Nutzer sind in Bezug auf die IT- Sicherheit nicht genügend ausgebildet, und es fehlt das Bewusstsein für Sicherheit.

Bei etablierten Unternehmen ist dies ein schleichender Prozess, wenn nicht darauf geachtet wird, passt die IT-Landschaft in ihrer Komplexität scheinbar über Nacht nicht mehr zum Ausbildungs- und Bewusstseinsstand der Mitarbeiter. Bei neuen und schnell wachsenden jungen Unternehmen kann man dieser Entwicklung eher begegnen, indem IT-Sicherheit von Anfang an zu einem integrativen Prozessbestandteil gemacht und bei Rekrutierung von Personal auf entsprechende Fähigkeiten geachtet wird.

14

*Die Nutzer er-
kennen nicht die
Prinzipien einer
professionellen
Nutzung der IT
und den Unter-
schied zu ihrem
privaten Home-
computer*

Hier müssen Sie, wenn Sie dies feststellen, mit erster Priorität sofort eingreifen. Es ist nicht mehr die Frage, ob eine IT-Katastrophe geschieht, sondern wann. Außerdem sollten Sie sich fragen, ob Sie als Gründer und Unternehmensleiter an irgendeiner Stelle Ihre Führungsrolle nicht wahrgenommen haben.

15

*Der IT-
Verantwortliche
im Unternehmen
oder der Admi-
nistrator ist un-
terqualifiziert.*

Auch dies können Sie sich nicht leisten. Je mehr das Unternehmen von der IT abhängig ist, umso mehr ist der Administrator – und auch sein Stellvertreter – eine Schlüsselperson im Betrieb. Als Unternehmensgründer haben Sie die Chance, den Administrator / IT-Verantwortlichen einzustellen, der zu der IT Ihres neuen Unternehmens passt. Auch sollte man im Anfang die Möglichkeit eines Outsourcings dieser Funktion zu einem qualitativ geeigneten Dienstleister in Erwägung ziehen.

16

*Wartungsauf-
gaben beson-
ders in Bezug
auf die Datensi-
cherheit werden
nicht regelmäss-
sig oder nicht
umgehend aus-
geführt.*

Wenn Sie die weiter oben beschriebenen Ursachenherde im Griff haben, dürfte dies nicht passieren. Wenn diese Probleme trotzdem auftauchen, dann forschen Sie nach den zugrunde liegenden Ursachen und setzen Sie auch da an, denn das beschriebene Problem könnte ein Symptom einer tiefer angesiedelten Sicherheitslücke im Bewusstsein Ihrer Mitarbeiter sein. Dies gilt ebenso, wenn Sie feststellen, dass Passwörter in Ihrem Unternehmen ein öffentliches Gut werden, Sicherheitssysteme und Vorkehrungen zwar vorhanden sind, aber nicht genutzt werden. Hier müssen Sie IT-Sicherheit wieder zum Thema in Ihrem Unternehmen machen.

17

Dritten wird es zu einfach gemacht, sich der Unternehmens-IT zu bemächtigen.

Die IT des Unternehmens ist auf einer physischen Ebene als Hard- und Software und einer virtuellen Ebene als Daten, Parametrisierungen, Konfigurationen usw. präsent. Beide Ebenen sind zu schützen. Auch wenn es sich bei Ihrem neuen Unternehmen um ein KMU handelt, müssen Sie doch so etwas wie ein Raumkonzept entwerfen, um ihre IT physisch vor Verlust, Diebstahl, Elementarschäden und Missbrauch zu schützen. Gerade weil Teile der IT-Systeme wie Laptops und Handies nicht an einen Raum gebunden sind, ist ihrem Schutz und der darauf enthaltenen Daten besondere Aufmerksamkeit zu widmen.

Literaturverzeichnis

[1]   Balzert, Helmut: Lehrbuch der Software- Technik Band 1 und 2, mit 3 CD-ROMs. Band 1 (2. Auflage, 2000), Band 2 (1. Auflage, 1998); Spektrum Akademischer Verlag; ISBN 3-8274-0301-4

[2]   Deutsch, Electronic Commerce (2. Auflage 1999), Vieweg Verlag Wiesbaden, ISBN 3-528-15557-4

[3]   Hodel, Marcus / Berger, Alexander / Risi, Peter: Outsourcing realisieren, Vorgehen für IT und Geschäftsprozesse zur nachhaltigen Steigerung des Unternehmenserfolgs (1. Auflage 2004) Vieweg Verlag Wiesbaden, ISBN 3-834-80114-3

[4]   Hofert, Svenja: Praxisbuch Existenzgründung (1. Auflage, 2004), Eichborn Verlag, Frankfurt, ISBN 3-8218-3889-2

[5]   Martin, James: Objektorientierte Modellierung mit UML: Das Fundament (1. Auflage, 1999), Prentice Hall, München, ISBN 3-8272-9580-7

[6]   Ritter, Bernhard: Das ERP-Pflichtenheft (2. Auflage, 2003), mitp-Verlag, Bonn, ISBN 3-8266-1404-6

[7]   Scheibeler, Alexander: Balanced Scorecard für KMU (3. neu bearbeitete Auflage, 2004), Verlag Paul Haupt, Bern, ISBN 3-540-40484-8

[8]   Siegwart, Hans: Kennzahlen für die Unternehmensführung (6. aktualisierte und erweiterte Auflage, 2002), Verlag Paul Haupt, Bern, ISBN 3-258-06561-6

[9] Wehling, Detlef (Herausgeber): Handbuch für Existenzgründer (1. Auflage, 2002), Cornelsen Verlag, Berlin, ISBN 3-464-48969-8

[10] PROMET® Methodenhandbuch für die Einführung von Standardanwendungssoftware, unveröffentlicht IMG AG St. Gallen und **www.promet-web.com**

[11] Broschüren des deutschen Bundesamtes für Informationstechnik **www.bsi.bund.de**

[12] Hermes Manager Pocket Guide Ausgabe 2003 **http://internet.isb.admin.ch/internet/hermes/produkt e/01564/index.html?lang=de**

Glossar

ASP	ASP = Applikation Service Providing. Stellt einen entfernter Dienstleister Softwareanwendungen für die Nutzung durch Dritte über das WEB zur Verfügung.
Berechtigungs-konzept	Schlüssel nach dem festgelegt wird, wer welche Applikationen wann und wie ändern starten, ausführen kann, oder wer wann welche Daten sehen, ändern eingeben, ausdrucken, etc. darf.
Big Bang	Einführungs- oder Umstellungsmethode, bei der das ganze IT-System zu einem Zeitpunkt komplett abgelöst wird. Gegenteil: Sequenzielle Einführung.
CAD	Computer Aided Design beschreibt die elektronische Erstellung technischer Zeichnungen oder mehrdimensionaler Modelle. CAD umfasst nicht nur deren Visualisierung, sondern auch mögliche Simulationen.
CAM	Computer Aided Manufacturing beschreibt die computerunterstützte Steuerung der Produktionsanlagen sowie der zugehörigen logistischen Systeme.
Client	Rechner, der, um seine Aufgaben zu erfüllen, von Programmen oder Daten abhängig ist, die ihm von einem anderen Rechner, dem Server, zur Verfügung gestellt werden.
CRM	CRM = Customer Relationship Managemnt bezeichnet alle Aktivitäten und Prozesse, die auf den Kunden gerichtet sind. Ein CRM-System unterstützen das Unternehmen im Kundenmanagement, besonders bei den Prozessen Verkauf, Service und Marketing.
EDI	Electronic Data Interchange bezeichnet den Austausch strukturierter Nachrichten zwischen zwei Rechnern.
Entwicklungssys-tem	Stand-alone IT-System, das dazu dient, neue Anwendungen oder Parametrisierungen zu erstellen und auszuprobieren, bevor sie auf das vorproduktive Test- oder operative System aufgespielt werden.

ERP	Enterprise-Resource-Planning beschreibt die möglichst effiziente Einplanung der in einem Unternehmen vorhandenen Ressourcen möglichst in den betrieblichen Gesamtablauf.
ERP-System	Transaktionssystem, das die Prozesse in einem Unternehmen steuert und überwacht. Über eine gemeinsame Datenbank werden die unternehmerischen Prozesse integriert.
Extranet	Netzwerk innerhalb einer fest definierten geschlossenen Gruppe von Unternehmen oder Institutionen: es dient dem gezielten Austausch von Informationen zweier oder mehrerer in Geschäftsbeziehungen stehenden Unternehmen oder zwischen Unternehmen und Behörden. Denkbar sind hier auch Anwendungen zwischen Unternehmen und einem festen Privatkundenbereich.
Fat Client	Rechner, der selber in der Lage ist, Programme auszuführen und Datenbanken zu verwalten.
GOB	Grundsätze ordnungsgemäßer Buchführung, geschriebene und ungeschriebene Regeln zur Buchführung und Bilanzierung.
GOBS	Grundsätze ordnungsmäßiger DV-gestützter Buchführungssysteme (GoBS), aufgestellt von der deutschen Finanzverwaltung am 07.11.95 regeln die Buchführung mittels Datenverarbeitungssystemen.
Groupware System	Groupware-Systeme sind Applikationen, mit denen die individuelle Zusammenarbeit in einer Gruppe insbesondere auf Dokument- und Aufgabenebene vereinfacht werden soll.
GUI	"Graphical User Interface" Bedieneroberfläche des Bildschirms. Darstellung dessen, was der Anwender auf dem Bildschirm sieht.
Homing	Mit Homing wird das Unterstellen und der Betrieb der eigenen Applikationen auf eigener Hardware in einem Rechencenter eines entfernten Dienstleisters bezeichnet.
Hosting	Ein Hosting liegt vor, wenn die Applikationen nicht auf eigenen Systemen, sondern entfernt auf Systemen eines Dienstleisters in einem Rechencenter betrieben werden.

Intranet	Netzwerk innerhalb eines Unternehmens oder einer Institution; es dient dem Informationsaustausch zwischen verschiedenen Abteilungen oder dezentral organisierten Mitarbeitern.
Konfigurieren	Das Einbringen von Zusatzmodulen in eine Standard Softwareanwendung zur Erweiterung ihrer Funktionalität.
LAN	Ein Local Area Network verbindet Rechner auf lokaler Ebene, d.h. mit Entfernungen bis zu 2 km. Das LAN wird vor allem für die betriebsinterne Vernetzung eingesetzt.
Migration	Übertragung von Daten oder Geschäftabläufen von einem auf ein anders System.
Modifizieren	Eingriff in die Logik einer Software, Veränderung der Software über die vom Hersteller vorgesehenen Grenzen hinaus.
Objekte	In sich geschlossene kleine Programmteile, die wie Bausteine immer wieder an verscheiden Orten des Programms genutzt werden können.
Parametrisieren	Einstellen einer Standard Software im Rahmen der vom Hersteller vorgegebenen Möglichkeiten.
PAS	der Projektausschuss ist oberste Eskalations- und Entscheidungsgremium in einem Projekt.
Produktivsystem	IT-System, auf dem im operativen Betrieb gearbeitet wird.
Quellcode	Vom Menschen lesbarer und verstehbarer Text der ursprünglichen Version, in der ein Programm geschrieben wurde. Veränderungen von Programmen werden hier vorgenommen.
Referenzmodel	Bei einem ERP-System: Eine in Bezug auf eine bestimmte Branche, Geschäftstyp oder ein bestimmtes Anwendungsgebiet hin vorkonfigurierte Standardsoftware, die die dort üblichen Prozesse und Aufgaben berücksichtigt.
Release	Ein Programm-Release ist ein vergleichbarer Begriff zu der Ausgabe eines Buches. Releases werden immer mit der Zahlenkombinationen y.x gekennzeichnet. Die erste Ziffer erhöht sich, wenn der neue Release eine vollständig neue Version des Programms ist, die Ziffer hinter dem Punkt erhöht sich, wenn der neue Release nur Veränderungen enthält.

Scanner

Datenerfassungsgerät (englisch *to scan* = abtasten, absuchen) welches Objekte durch regelmäßige Abtastung untersuchen oder erfassen kann.

Server

Im ursprünglichen Sinn nur ein Programm, welches auf Anfragen von Client-Programmen wartet und mit diesen Daten austauscht. Als Server wird jedoch auch die Hardware bezeichnet, auf denen die Server-Programme laufen. Server werden für eine Vielzahl verschiedener Aufgaben eingesetzt: Datenbankserver verwalten Datenbanksysteme, Webserver bedienen Zugriffe von Clients mittels Internettechnologie, E-Mail-Server dienen der Kommunikation, Print-Server erlauben Zugriff auf Drucker in einem Netzwerk, Fileserver bieten vielen Nutzern eine zentrale Dateiablage. Durch die zentrale Aufgabe eines Servers sind meist dessen Verfügbarkeit und Sicherheit von großer Bedeutung.

Super User

Anwender einer bestimmten Software im Unternehmen, der bei Problemen anderer Anwender dieser Software als erste Anlaufstelle dient.

Thin Client

Endgerät, mit dessen Hilfe auf einem entfernten Server zugegriffen werden kann. Es enthält keine eigene Intelligenz zur Datenhaltung und zur Ausführung eigener Programme.

USV

Eine Unterbrechungsfreie Stromversorgung (USV) sichert für ein elektrisches Gerät die dauerhafte Stromversorgung und schützt es oftmals auch gegen Störungen oder Spannungsstöße.

Vorgehensmodell

Gliedert die genaue fachliche und sachliche Ausgestaltung eines Projektablaufs in Phasen. Während die Techniken und Methoden des Projektmanagements das formale Vorgehen sowie Rolle und Aufgaben der dabei involvierten Teilnehmer regeln, beschäftigt sich das Vorgehensmodell mit den zu bewältigenden konkreten inhaltlichen Aufgaben und zu erreichenden Ergebnissen im Einzelfall.

Vorproduktivsystem

Letztes, vollständig parametrisiertes ERP-System zur Durchführung von Funktionstests vor der eigentlichen Einführung des operativen Systems.

WAN

Ein Wide Area Network ermöglicht Datenübertragungen über weite Entfernungen. Das bekannteste WAN ist das Internet. Ein WAN ist erforderlich, um das eigene Unternehmen mit anderen Betrieben zu verbinden.

WLAN

LAN, bei dem Daten über Funkwellen übertragen werden.

Sachwortverzeichnis

Grundlagen verstehen und umsetzen

Andreas Gadatsch
Grundkurs Geschäftsprozess-Management
Methoden und Werkzeuge für die IT-Praxis:
Eine Einführung für Studenten und Praktiker
4., verb. u. erw. Aufl. 2005. XXIV, 460 S. mit 335 Abb. Br. € 34,90
ISBN 3-8348-0039-2

Gunther Friedl/Christian Hilz/Burkhard Pedell
Controlling mit SAP®
Eine praxisorientierte Einführung - Umfassende Fallstudie -
Beispielhafte Anwendungen
4., verb. u. erw. Aufl. 2005. XXII, 275 S. Br. € 39,90   ISBN 3-8348-0101-1
Überblick über Controlling mit SAP - Durchgängige Fallstudie - Kostenstellen-
rechnung - Produktkalkulation und Kostenträgerrechnung - Ergebnis- und
Marktsegmentrechnung - Konzeptionelle Entwicklungen des Controlling und
ihre Abdeckung durch SAP (SEM, BW) - Vorbereitende Tätigkeiten im Customizing - Nutzung von Vorlagemandanten

Paul Alpar/Heinz Lothar Grob/Peter Weimann/Robert Winter
Anwendungsorientierte Wirtschaftsinformatik
Strategische Planung, Entwicklung und Nutzung von Informations- und
Kommunikationssystemen
4., verb. u. erw. Aufl. 2005. XVI, 495 S. mit 199 Abb. u. Online Service.
Br. € 29,90   ISBN 3-528-35656-1
Informations- und Kommunikationssysteme in Unternehmen - Informations-
und Wissensmanagement - Controlling der Informationsverarbeitung -
Ganzheitliche Gestaltung von Informations- und Kommunikationssystemen -
Architektur betrieblicher Anwendungssysteme - Methoden und Werkzeuge
zur Entwicklung und Einführung von Software - Informations- und
Kommunikationstechnologie

vieweg
Abraham-Lincoln-Straße 46
65189 Wiesbaden
Fax 0611.7878-400
www.vieweg.de
Stand 1.7.2006. Änderungen vorbehalten.
Erhältlich im Buchhandel oder im Verlag.